小学生演说能力培养

策略探究

张丽娟 主编

中国出版集团 现代出版社

图书在版编目(CIP)数据

小学生演说能力培养策略探究 / 张丽娟主编. 一北京：现代出版社，2020.12

ISBN 978-7-5143-9007-0

Ⅰ.①小… Ⅱ.①张… Ⅲ.①小学生—演讲—语言教学—教学研究 Ⅳ.①G623.202

中国版本图书馆CIP数据核字（2020）第264259号

小学生演说能力培养策略探究

作　　者	张丽娟
责任编辑	竹　岗
出版发行	现代出版社
地　　址	北京市安定门外安华里504号
邮政编码	100011
电　　话	010-64267325　64245264
网　　址	www.1980xd.com
电子邮箱	xiandai@cnpitc.com.cn
印　　制	北京政采印刷服务有限公司
开　　本	710mm×1000mm　1/16
印　　张	10.25
字　　数	185千
版　　次	2022年4月第1版　　2022年4月第1次印刷
书　　号	ISBN 978-7-5143-9007-0
定　　价	45.00元

编 委 会

序 言
PREFACE

说起来，过有语文味的生活

开学了，一年级新生，个儿矮得可爱。于是我蹲下身子说："小朋友好！你叫什么名字？"

"干吗要告诉你呀？"他不屑我的亲切，头一甩，走了。唉，估计是前天开学典礼，我站的位置离他有点远，或者他压根儿就没有看见我，又或许是忘记了。

"我叫吉冠晓，吉祥如意的吉，冠军的冠，春晓的晓，听懂了吗？"这个小女孩倒是很愿意开口，且连珠炮似的自报家门，估计是在家里训练过的。也好，毕竟出乎我的意料，她肯定会背诵古诗《春晓》，要不她不会说得出的。

说的能力培养，当然不能仅靠家庭，我们语文教师应当仁不让。《义务教育语文课程标准（2011年版）》指出：指导学生正确地理解和运用祖国的语言文字，使学生具有初步的听、说、读、写能力；在听、说、读、写训练的过程中，发展学生的智力，培养良好的学习习惯。可见，听、说、读、写训练是小学语文教学的重要内容。但当下的语文教学偏重于学生书面表达，很大程度上轻视了对学生说的能力的培养。随着升学压力越来越大，这种现象也会愈加严重。于是，出现了和英语教学一样的窘境——"哑巴"语文，很多学生可以用笔和纸书写出很优美的文字，却无法用嘴巴清晰地表达出自己想说的意思。因此，小学生演说能力的培养已成为当务之急。

张丽娟老师及其团队敏锐地发现了这一问题，并积极地进行探索研究，找寻各种策略来提升学生的演说水平。她所在的学校地处农村，学生的语言表达水平更是参差不齐，也很难依靠家庭教育来进行提升，于是有了本书对培养小学生演说能力的研究。

张老师显然是有备而来的。全书从背景分析、内涵解读，到目标架构、实施路径，再到课程开创、教学探索、案例展示，可见，张丽娟老师对演说这一课题进行了理性深入的思考和系统全面的探索。例如，她对统编版小学语文教材中所有口语交际的话题、目标、小贴士进行了整理，这样思考教学策略时才可以前后融通，有

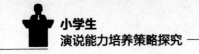
序列性、递进性。

张老师也是娓娓道来的。全书结构清晰，分类具体。第一章背景分析，从教材到课堂再到社会；第二章能力概述，从基本内涵和基本特征方面给予认知；第三章能力目标，从表达能力、思维能力、应变能力三个维度到三个维度在各个年龄段的具体目标细化；第四章指出了阅读教学、口语交际和综合性学习三类不同课型的实施路径；第五章对小说演说课程的构建及小说演说教材的创编给予介绍；第六章又对文体进行了细化分类，进行教学探索。全书结构清晰合理、有逻辑性，分类细致具体、有针对性。张丽娟老师不光是一位教学经验丰富的语文教师，更是一位爱读书写作、有思想内涵的女子。她的文字优美细腻、恬淡宁静，虽是理论研究类书籍，却将教学点滴用笔墨描绘出一幅幅生动精美的画卷，将枯燥、乏味、空洞的理论策略描绘得妙趣横生，可读性很强。

张老师更是注重实战的。"如何进行说"策略明确、指导性强。张丽娟老师有着丰富的教学经验，书中讲述了很多具体的、可操作的策略，如阅读教学中让学生从爱说到会说再到善说进而能够演说的策略；综合性学习中创设一定的情境，让学生根据话题进行演说，让学生在不自觉中分析语言材料，综合各类信息，重组表达内容，输出个性语言，实现自我表达。这些策略几乎涵盖小学语文各类课型，目标都指向在小学时期开发学生的语言表达能力，为今后的顺利发展奠定良好的基础。

当然，要实现说的能力的提升肯定不易。张老师及其团队对提高学生演说能力的策略研究尚属一家之言，也相信张丽娟老师还会有后续研究。但本书的探索性尝试显然是难能可贵的，千里之行始于足下，期盼张老师的可贵探索能召唤更多同行者，一个人唤起一群人，取得更多、更好的研究成果，助推更多学生成为"小小演说家"。就这一点来说，所有语文人当不遗余力。

说起来，过有语文味的生活，是我们语文人的共同期许。

庚子盛夏·紫琅山麓

（姜树华，江苏省人民教育家培养对象，小学语文特级教师，

南通市紫琅第一小学校长）

目 录
CONTENTS

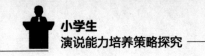

第五章　小学演说课程的整体构建与实践

第六章　小学语文教学中演说能力培养的探索

第一章
小学生演说能力培养的缘起

第一节　统编版小学语文教材要求口语交际教学必须转轨

口语交际能力是语文素养的综合体现。为了培养学生的口语交际能力，《义务教育语文课程标准（2011年版）》（以下简称《课标》）在"总体目标与内容"中指出，学生应"具有日常口语交际的基本能力，学会倾听、表达与交流，初步学会运用口头语言文明地进行人际沟通和社会交往"。这一总目标要求在小学三个学段中得到具体落实，见表1–1。

表1–1　小学三个阶段的口语交际目标

学段	口语交际目标
第一学段（1～2年级）	1. 学说普通话，逐步养成说普通话的习惯 2. 能认真听别人讲话，努力了解讲话的主要内容 3. 听故事、看音像作品，能复述大意和自己感兴趣的情节 4. 能较完整地讲述小故事，能简要讲述自己感兴趣的见闻 5. 与别人交谈，态度自然大方，有礼貌 6. 有表达的自信心。积极参加讨论，敢于发表自己的意见
第二学段（3～4年级）	1. 能用普通话交谈。学会认真倾听，能就不理解的地方向人请教，就不同的意见与人商讨 2. 听人说话能把握主要内容，并能简要转述 3. 能清楚明白地讲述见闻，说出自己的感受和想法。讲述故事力求具体生动
第三年级（5～6年级）	1. 与人交流能尊重和理解对方 2. 乐于参与讨论，敢于发表自己的意见 3. 听人说话认真、耐心，能抓住要点，并能简要转述 4. 表达有条理，语气、语调适当 5. 能根据对象和场合，稍做准备，做简单的发言 6. 注意语言美，抵制不文明的语言

结合《课标》要求，统编版小学语文教材对口语交际进行了全新的编写，口语交际的若干训练点，在各册教材中由浅入深、由易及难地分散体现。交际目标发展呈现循序渐进的梯度序列，在交际活动的目标、交际话题的选择、教材编排的位置等方面均彰显了口语交际的重要性。这样，曾经被边缘化的口语交际以全新的面貌重新进入了我们的视野。《课标》所提出的口语交际目标和统编版小学语文教材对口语交际的全新编写，要求口语交际教学必须转轨。具体来说，必须把握以下几个方面。

一、明确交际话题的训练要求

统编版小学语文教材共编排了47次口语交际训练，结合每一次口语交际活动，教材右下角以小贴士的方式清楚写出几项交际要点提示，这一提示其实就是口语交际的训练要求，避免了以往口语交际教学的模糊与朦胧，让教师明确训练应达到的程度，同时告诉学生交际过程中的做法，给师生的教与学提供了实实在在的指导。

统编版小学语文教材一至六年级口语交际训练内容见表1-2。

表1-2　一至六年级口语交际训练内容

年级	交际话题	编排位置	交际小贴士
一年级上册	我说你做	第一单元	1. 大声说，让别人听得见 2. 注意听别人说话
	我们做朋友	第四单元	说话的时候，看着对方的眼睛
	用多大的声音	第六单元	1. 有时候要大声说话 2. 有时候要小声说话
	小兔运南瓜	第八单元	大胆说出自己的想法
一年级下册	听故事，讲故事	第一单元	1. 听故事的时候，可以借助图画记住故事内容 2. 讲故事的时候，声音要大一些，让别人听清楚
	请你帮个忙	第三单元	礼貌用语：请，请问，您，您好，谢谢，不客气
	打电话	第五单元	1. 给别人打电话时，要先说自己是谁 2. 没听清时，可以请对方重复
	一起做游戏	第七单元	一边说，一边做动作，这样别人更容易明白

年级	交际话题	编排位置	交际小贴士
二年级上册	有趣的动物	第一单元	1. 吐字要清楚 2. 有不明白的地方，要有礼貌地提问
	做手工	第三单元	1. 按照顺序说 2. 注意听，记住主要信息
	商量	第五单元	1. 要用商量的语气 2. 把自己的想法说清楚
	看图讲故事	第六单元	1. 按顺序讲清楚图意 2. 认真听，知道别人讲的是哪幅图的内容
二年级下册	注意说话的语气	第一单元	1. 说话的语气不要太生硬 2. 避免使用命令的语气
	长大以后做什么	第三单元	1. 清楚地表达想法，简单说明理由 2. 对感兴趣的内容多问一问
	图书借阅公约	第五单元	1. 主动发表意见 2. 一个人说完，另一个人再说
	推荐一部动画片	第八单元	1. 注意说话的语速，让别人听清楚 2. 认真听，了解别人讲的内容
三年级上册	我的暑假生活	第一单元	1. 选择别人可能感兴趣的内容讲 2. 借助图片或实物讲
	名字里的故事	第四单元	1. 把了解到的信息讲清楚 2. 听别人讲话的时候，要礼貌地回应
	身边的"小事"	第七单元	1. 清楚地表达自己的看法 2. 汇总小组意见时，尽可能反映每个人的想法
	请教	第八单元	1. 有礼貌地向别人请教 2. 不清楚的地方及时追问
三年级下册	春游去哪儿玩	第一单元	1. 说清楚想法和理由 2. 耐心听别人讲完，尽量不打断别人的话
	劝告	第七单元	1. 注意说话的语气，不要用指责的口吻 2. 多从别人的角度着想，这样别人更容易接受
	趣味故事会	第八单元	1. 运用合适的方法，把故事讲得更吸引人 2. 认真听别人讲故事，记住主要内容
四年级上册	我们与环境	第一单元	1. 围绕话题发表看法，不跑题 2. 判断别人的发言是否与话题相关

续 表

年级	交际话题	编排位置	交际小贴士
四年级上册	爱护眼睛，保护视力	第三单元	1. 小组讨论时，注意说话的音量，避免干扰其他小组 2. 不重复别人说过的话。如果想法接近，可以先表示认同，再继续补充
	安慰	第六单元	1. 选择合适的方式进行安慰 2. 借助语调、手势等恰当地表达自己的情感
	讲历史故事	第八单元	1. 用卡片提示讲述内容 2. 使用恰当的语气和肢体语言，可以让讲述更生动
四年级下册	转述	第一单元	1. 弄清要点，转述时不要遗漏主要信息 2. 注意人称的转换
	说新闻	第二单元	1. 准确传达信息 2. 清楚、连贯地讲述
	朋友相处的秘诀	第六单元	1. 根据讨论的目的，记录重要信息 2. 分类整理小组意见，有条理地汇报
	自我介绍	第七单元	对象和目的不同，介绍的内容有所不同
五年级上册	制定班级公约	第一单元	1. 发言时要控制时间 2. 讨论后做总结，既总结大家的共同意见，也说明不同意见
	讲民间故事	第三单元	1. 讲故事的时候，可以适当丰富故事的细节 2. 讲故事的时候，可以配上相应的动作和表情
	父母之爱	第六单元	1. 选择恰当的材料支持自己的观点 2. 尊重别人的观点，对别人的发言给予积极回应
	我最喜欢的人物形象	第八单元	1. 分条讲述，把理由说清楚 2. 听人说话能抓住重点
五年级下册	走进他们的童年岁月	第一单元	1. 认真倾听，交流时边听边记录 2. 根据整理的记录有条理地表达
	怎么表演课本剧	第二单元	1. 主持讨论时，要引导每个人发表意见 2. 尊重大家的共同决定
	我是小小讲解员	第七单元	1. 列提纲，按照一定的顺序讲述 2. 根据听众的反应，对讲解的内容做调整
	我们都来讲笑话	第八单元	1. 避免不良的口语习惯 2. 用心倾听，做一个好的听众

续 表

年级	交际话题	编排位置	交际小贴士
六年级上册	演讲	第二单元	1. 语气、语调适当，姿态大方 2. 利用停顿、重复或者辅以动作强调要点，增强表现力
	请你支持我	第四单元	1. 先说想法，再把具体的理由讲清楚 2. 设想对方可能的反应，恰当应对
	意见不同怎么办	第六单元	1. 准确把握别人的观点，不歪曲，不断章取义 2. 尊重不同的意见，讨论问题时，态度要平和，以理服人
	聊聊书法	第七单元	1. 有条理地表达，如分点说明 2. 对感兴趣的话题深入交谈
六年级下册	同读一本书	第二单元	1. 引用原文说明观点，使观点更有说服力 2. 分辨别人的观点是否有道理，讲的理由是否充分
	即兴发言	第四单元	1. 提前打腹稿，想清楚先说什么，后说什么，重点说什么 2. 注意说话的场合和对象
	辩论	第五单元	1. 听出别人讲话中的矛盾或遗漏 2. 抓住漏洞进行反驳，注意用语文明

　　统编版语文教材四年级上册在第一、三、六、八单元之后共安排了四个口语交际训练，话题源于学生的学习与生活。"我们与环境"出示四幅破坏环境的图片，让学生交流身边存在的环境问题，讨论保护环境的十条建议。"我们与环境"的交际小贴士有两个：一是判断别人的发言是否与话题相关；二是围绕话题发表看法，不跑题。这是第一次强调口语交际的话题要围绕中心展开，因此要作为练习的重点。"爱护眼睛，保护视力"呈现了四位同学用眼学习的真实情境，分小组讨论班内同学的视力现状及其影响因素，然后全班讨论提出建议。"爱护眼睛，保护视力"的小贴士是不重复别人的发言，要把讨论和倾听作为训练的重点。"安慰"安排了三个真实的交际场景，要求学生选择合适的方式借助语调、手势等恰当地表达自己的情感。"讲历史故事"则对讲前、讲中、讲后都提出了明确的要求，讲前做提示卡片，讲中使用恰当的语气和肢体语言，讲后和听众互动交流。本册口语交际前两个话题重在训练学生讨论话题、发表观点，指向认真讨论、倾听和回应。后两个话题重在训练学生借助语

气、语调和恰当的肢体语言表达情感，指向有声有色地表达。

可见，统编版语文教材中口语交际都给出了一个小贴士，既阐明了本次口语交际的要求，也明确了训练的目标取向。这一点得到已经使用统编教材教师的高度认可，他们认为"统编教材的口语交际目标具体、可检测，克服教学的随意性，避免应试式的反复操练"。

二、强调交际方式的交替进行

口语交际的方式从大的方面可以分为独白和对白。《课标》在教学建议中要求："应培养学生倾听、表达和应对的能力。"其中的"倾听""表达"主要指独白，而"交流""讨论""应对"则主要是对白。从统编教材口语交际的编排上看，有很多内容要求用独白和对白的方式交替进行，注重培养学生的口语交际能力。

例如，统编版语文教材三年级上册的口语交际"名字里的故事"，交际要求是敢于发表自己的意见，能清楚明白地向别人介绍自己名字里的故事；乐于交流，在交谈中能认真倾听，态度礼貌大方，能就自己感兴趣的话题与人展开交谈。教学时，笔者请一位学生上台讲述自己名字的故事，其他学生认真倾听，结束后要回应讲述者的提问，如"你们觉得我的名字有趣吗？""谁来说一说听完后的感受？"同学之间进行互动，提出问题，谈谈感受，这就是礼貌回应的一种方式，也是独白与对白交融的交际方式。

又如，统编版语文教材四年级上册的四个口语交际都以对白为主，就如"讲历史故事"要求讲完之后，问问同学是否喜欢自己的故事，有没有听明白，对自己还有什么建议。这与统编版语文教材三年级下册的第八单元"趣味故事会"的要求就有了区别。"趣味故事会"要求讲述者运用合适的方法把故事讲得更吸引人，听众认真听并记住主要内容，这个要求还是以独白表达为主。而"讲历史故事"则要求"我讲你评"，促成交际互动，这样更有利于培养学生"倾听、表达和应对的能力"。

三、关注交际能力的梯度递进

纵观统编版小学语文教材中的47次口语交际训练，交际话题精心设计，源于学生的学习与日常。交际形式丰富多样，有讲述、应对、复述、转述、即兴发言、主题演讲、问题讨论、辩论等。交际要求梯度递进，逐步关注言语表达的内容。

例如，统编版语文教材三年级下册安排了4次口语交际训练，"春游去哪儿玩"是说"建议"，"该不该实行班干部轮流制"是进行"讨论"，"劝告"是"劝说"，"趣味故事会"是"讲述"。从以上列举的交际要求可以看出，三年级学生在进行口语交际训练时，教师应主要从学生言语交际的表达内容、交际的态度、交际的礼仪等方面加以指导，尤其要提醒学生倾听别人的发言。

统编版语文教材四年级上册口语交际话题的类型与三年级下册有着相似之处，有"讨论"，有"劝说"，有"讲述"，在训练时不仅对交际的表达内容、态度、礼仪等方面进行持续训练，同时逐步重视了交际双方的互动生成和思维发展。"我们与环境""爱护眼睛，保护视力"要求在讨论交流的基础上达成共识，形成建议。这就需要交际双方认真倾听，及时回应，在动态生成中组织语言，最后在思维的碰撞中形成统一的观点。"安慰""讲历史故事"要求在交际的过程中入情入境，交际双方在互动交流中产生思维的火花。学生在"你来我往""你问我答"的交际过程中，言语表达和思维能力得到发展。

参考文献

［1］唐芙蓉.部编小学语文一年级下册口语交际教材解读与教学建议［J］.教育视界，2018（2）：22-24.

［2］余琴.人教版与统编版教科书衔接处理建议［J］.小学语文，2019（Z2）.

（新北区西夏墅中心小学　张丽娟）

第二节　小学语文课堂的现状呼唤
演说能力的培养

一、对农村小学生演说现状的调查分析

从哲学层面而论，演说能力对于个人成长具有重要的意义。教育的基本问题是人的发展问题，人的发展是一个个体生命逐步成长、各方面潜能逐渐展现和完善的过程。演说并不仅仅是一种口头的言语表达形式，而是每一次表达的过程就是实现意图的行动，是人类进行交流、表达观点的一种存在形式。

早在古希腊，人就被界定为"会说话的动物"，凸显了"说"之于人的生存的根本性关联。英国哲学家罗素指出："不管狗的吠叫多么富于表情，它仍不能告诉你它的父母是否贫穷而忠实可靠。"美国人类学家本杰明·沃尔夫认为语言是文化的"背景"，并称之为"背景现象"或"背景知识"。德国哲学家海德格尔也认为语言并不只是工具，人的本质就存在于语言中，语言是人类"存在的家园"。古希腊伟大的哲学家亚里士多德认为，"口语是心灵的经验的符号"。学生是正在发展、成长的生命个体，我们应该给他们搭建更多的演说交际的平台，以唤醒其生命潜能，展示其生命力量。换言之，演说是个体生命意义绽放的基本形式，在各种各样的演说中，个体才能不断地"占有人的本质"，成为真正意义上的人。

演说作为一种必备的能力，在小学阶段已逐步受到重视，如统编版小学语文教材六年级上、下册口语交际中就编排了演讲、即兴发言和辩论。这就告诉我们，在小学阶段就要循序渐进地培养学生的演说能力。可是从学生的现状来看，不愿说、不会说、说不好的现象很多，学生演说能力的提升成了一个

难题。

为了摸清小学生演说能力的现状，首先，对西夏墅中心小学不同层次教师的课以及班级学生的演说能力进行观察；其次，对学生演说现状和教师演说能力培养现状进行调查。调查问卷如下。

西夏墅中心小学演说现状调查问卷（学生卷）

同学们，你们好！这是一份了解小学生演说能力现状的调查问卷，希望同学们能够按照自己的实际情况如实作答，在括号中选择你认为最合适的答案。谢谢合作！

性别：男（　　）女（　　）　所在年级：3~4年级（　　）　5~6年级（　　）

你要回答的问题：

1. 你喜欢上哪一种形式的演说课？（　　　　）

A. 介绍类　　B. 演讲类　　C. 交往类　　D. 表演类　　E. 讨论类

2. 你们班级演说课的内容来自（　　　　）。

A. 课本　　　B. 生活　　　C. 老师提供　　D. 其他

3. 你会围绕一个主题来写演说稿吗？（　　　　）

A. 很擅长　　B. 会　　　　C. 会一点　　D. 一点都不会

4. 你的语文老师组织过哪些演说实践活动？（　　　　）（可多选）

A. 演讲　　　B. 辩论赛　　C. 故事会　　D. 小组形式的讨论　E. 其他

5. 你喜欢上演说课吗？（　　　　）

A. 喜欢　　　B. 不喜欢　　C. 很反感

6. 你喜欢上演说课的原因是（　　　　）。

A. 好玩　　　　　　　　　　B. 不用写作业

C. 可以和同学聊天　　　　　D. 可以锻炼自己的口才，有表现的机会

7. 面对完全陌生的同学，你能站在讲台上，自信地介绍自己吗？（　　　　）

A. 能，会流畅地、毫不紧张地介绍自己

B. 可能有点紧张，但能很好地介绍自己

C. 很慌张，语言不流畅

D. 胆怯，不敢介绍自己

8. 演说课上你（　　　　）。

A. 敢大胆发言   B. 怕别人笑，不敢发言

C. 怕说错被老师批评   D. 从不发言

9. 你在表达自己的想法时遭到过别人的取笑吗？（　　　）

A. 是   B. 否

10. 你对个人的演说能力持何种态度？（　　　）

A. 无所谓，考试不考口语

B. 日常交流中很重要，应该好好练习

C. 将来考上好学校再锻炼也不晚

D. 小学阶段打下的演说基础很重要

11. 你觉得自己的演说技巧怎么样？（　　　）

A. 很好   B. 一般   C. 不太行

12. 你在大庭广众之下说话或发表见解有何表现？（　　　）

A. 脸红，心跳加速，声音小

B. 表情还算自然，但常常说了上句没了下句

C. 眼睛不看对方的时候才能表达自如

D. 落落大方，表述流畅

13. 同学们在一起讨论问题时，你能响亮地把自己的观点表述清楚吗？

　　（　　　）

A. 能   B. 不能   C. 有时候能

14. 你认为自己演说能力一般或差的主要障碍是什么？（　　　）（可多选）

A. 没有胆量

B. 词汇不丰富，表述不连贯

C. 说话没有主题性、针对性和条理性

D. 缺乏训练的环境

E. 缺乏丰富的想象力

F. 不会恰当地运用语音、语调达到抑扬顿挫

15. 你认为应当怎样在语文课上进行演说能力的培养？（　　　）（可多选）

A. 加强知识积累与强化演说训练相结合

B. 加强知识积累，丰富词汇

C. 多举行口语训练活动，强化演说训练

D. 演说能力无须训练，是自然生成的

16. 你期望自身演说能力达到何种水平？（　　　）（可多选）

A. 正确、清楚地表达自己的想法

B. 自信大方地与他人进行良好沟通

C. 有条理地阐述观点

D. 学会运用一些手势等辅助演说

E. 其他

17. 在演说课上，当你回答问题以后，你的老师会（　　　）。

A. 及时对你的回答做出评价

B. 回答好会表扬，回答错会严厉批评

C. 鼓励继续回答

D. 不做评价

18. 对于演说课，你的老师会以哪种方式进行考核？（　　　）

A. 笔试　　　　　　　　　　　　　B. 口试

C. 在日常的演说课上根据情况打分　　D. 从不考核

19. 对于演说课，你的老师考查的主要内容是（　　　）。

A. 普通话是否标准

B. 声音是否响亮

C. 用词是否准确

D. 能否清楚地交流自己的想法

E. 能否文明、自信、大方地演说

F. 其他

20. 给老师出出主意，你觉得老师应该怎样培养你们的演说能力呢？

小学生演说能力培养现状调查问卷（教师卷）

　　老师们，你们好！这是一份了解大家对学生演说能力培养策略及重视程度的调查问卷，希望大家能够按照自己的实际情况如实作答，在括号中选择您认为最合适的答案。谢谢合作！

性别：男（　）女（　）　　所教年级：3～4年级（　）　5～6年级（　）

您要回答的问题：

1. 您一般会以哪种形式上演说课？（　　　）

A. 介绍类　　B. 演讲类　　C. 交往类　　　　D.表演类　　E. 讨论类

2. 你们班级演说课的内容来自（　　　）。

A. 课本　　　B. 生活　　　C. 老师提供　　D.其他

3. 您会指导学生围绕一个主题来写演说稿吗？（　　　）

A. 会

B. 会，但是指导得不扎实

C. 不会

4.您组织过哪些演说实践活动？（　　　）（可多选）

A. 演讲

B. 辩论赛

C. 故事会

D. 小组形式的讨论

E. 其他

5. 您本身喜欢上演说课吗？（　　　）

A. 喜欢

B. 不喜欢，但是迫于无奈必须要上

C. 很不喜欢，甚至反感

6. 您身边的领导、老师对演说能力的培养持什么态度？（　　　）

A. 支持并制定了相关措施和学习安排

B. 支持但是具体措施不明确

C. 不太支持，觉得很浪费时间

7. 您认为学生的演说能力培养重要吗？（　　　）

A. 重要　　　　　B. 不重要

8. 您是如何对待演说课的？（　　　）

A. 制订教学计划，每周的演说课好好准备并指导反馈

B. 按书上的话题上，形式比较随意

C. 时上时不上，内容形式都比较随意

D. 完全不上

9.您所教班级的演说情况如何？（　　　）

A. 师生积极性都较高，配合默契，教学效果很好

B. 教师积极性高，学生能配合

C. 教师积极性很高，但是学生不配合

D. 教师积极性不太高，学生也不太配合

10. 您觉得自己的演说技巧怎么样？（　　　）

A. 很好　　　　　B. 一般　　　　　C. 不太行

11. 您认为阅读和习作与演说能力有多大关系？（　　　）

A. 有很大关系，阅读是基础，演说能促进习作能力的提升

B. 关系不大

C. 没关系

12. 演说课上，您会根据学生的情况有针对性地进行演说技巧指导吗？
　　（　　　）

A. 会　　　　　B. 有时会，但不多　　　C. 不会

13. 您会举行一些竞赛来激发学生的兴趣、培养学生的演说能力吗？（　　　）

A. 会　　　　　B. 偶尔　　　　　C. 不会

14. 您认为学生演说能力一般或差的主要障碍是什么？（　　　）（可多选）

A. 语言积累不够，词汇匮乏

B. 表达技巧差，词不达意

C. 理解能力差，抓不到表达重点

D. 表达不够礼貌得体，说话没有艺术

E. 思维能力差，敏捷度、条理性不强

F. 不会恰当地运用语音、语调达到抑扬顿挫

G. 平时缺乏锻炼，心理素质不行，容易紧张

15. 您认为应当怎样在语文课上进行演说能力的培养？（　　　）（可多选）

A. 加强知识积累与强化演说训练相结合

B. 加强知识积累，丰富词汇

C. 多组织口语训练活动，强化演说训练

D. 演说能力无须训练，是自然生成的

16. 您期望学生的演说能力达到何种水平？（　　　）（可多选）

A. 正确、清楚地表达自己的想法

B. 自信大方地与他人良好沟通

C. 有条理地阐述观点

D. 学会运用一些手势等辅助演说

E. 其他

17. 在演说课上，当学生回答问题以后，您会如何评价？（　　　）

A. 及时做出有针对性的评价

B. 回答好会表扬，回答错会严厉批评

C. 全是教师评价，学生不参与

D. 不做评价

18. 对于演说课，您一般会以哪种方式进行考核？（　　　）

A. 笔试

B. 口试

C. 在日常的演说课上根据情况打分

D. 从不考核

19. 对于演说课，您考查的主要内容与标准是（　　　）。

A. 普通话是否标准

B. 声音是否响亮

C. 用词是否准确

D. 能否清楚地表达自己的想法

E. 能否文明、自信、大方地演说

F. 其他

20. 您有思考过演说能力的培养策略吗？您觉得教师应该怎样培养学生的演说能力呢？

调查结果分析：

本次调查对象主要是全校中高年级语文教师和学生，一共发出调查问卷200份，回收有效问卷195份（有2名学生请假，3份问卷未答全），参与率97%。对这些教师和学生的调查，能够折射出教师对演说能力培养的重视程度和学生演说能力发展的现状，同时也能反映出教师教学行为及学生演说方面存在的问题。

1. 学生演说兴趣比较浓厚，但是受演说内容局限，演说稿撰写能力有限

例如，第5题：学生喜欢演说课的占72%，不喜欢或反感的占28%。第2题：演说内容来自课文的占82%，其他的占18%。可见学生还是比较喜欢演说课的，只是教师需要改进教学方法，提高教学水平，话题要贴近学生生活、源于学生、源于生活，学生才会有话可说。第3题：8%的学生很擅长，46%的学生会，44%的学生会一点，2%的学生一点都不会。可见演说稿的撰写对于部分学生来说还是难点，需要有针对性地进行指导。

2. 学生演说态度有待提升，不能做到自信、大方地表达

例如，第7题：只有9%的学生选择能自信不紧张地介绍自己；54%的学生选择有点紧张，但能顺利介绍；32%的学生选择很慌张，表达不流畅；5%的学生选择不敢介绍自己。第8题：演说课上敢大胆发言的只占36%，从不发言的竟然占到21%。可见大多数学生在演说表达方面并不自信大方，需要采取措施激励与表扬。此外，演说课没能实现促进所有学生的成长，有些中等偏下的学生基本不参与演说，以至于课堂成了优秀生展示的舞台，降低了教学效率。

3. 学生演说技巧匮乏，障碍点很多，限制演说能力的发展

例如，第13题：能做到响亮清楚地表达的学生只占38%，其实这是演说最基本的要求，但是很多学生做不到。第14题：演说能力的障碍点有16%的学生全选，37%的学生选了三个以上，可见在学生心中演说能力提升的障碍点很多。如何在课堂内外根据学生的演说现状进行有针对性的技巧指导，排除学生的障碍点，提升演说能力，这个问题亟待解决。

4. 教师有很强的培养学生演说能力的意识，但是内容、形式不够丰富，策略不明

例如，第5题：教师喜欢演说课的占89%，不喜欢或反感的占11%。第7题：认为演说重要的占92%。可见教师群体有很强的演说能力培养意识，深知演说的重要性。第2题：演说内容来自课本的占74%，其他占26%。第1题：一般以演讲类形式上演说课的占72%，其他占28%。内容、形式都比较单一，不够丰富多彩，只有课内外相结合、话题广泛，学生才有表达的欲望。第8题：选择制订计划好好准备并指导反馈的占29%，形式比较随意的占52%，内容、形式都比较随意的占19%。可见很多教师对于演说课如何设计与推进是陌生的，没有明确的策略，没有计划性、系列性，这一问题亟待解决，演说能力培养策略研究势在必行。

5. 教师本身演说技巧与自信度也不够，技巧性的指导不扎实

例如，第10题：只有10%的教师觉得自己的演说技巧很好，72%的教师选择一般，可能也有谦虚的因素在里面。第12题：28%的教师选择会有针对性地进行技巧的指导，58%的教师选择有时会，但不多。第14题：基本都是全选，可见教师对学生障碍点的分析还是比较到位的，知道学生的问题在哪里，只是指导不够扎实，范围比较空，没有按照目标一层一层地去指导与完成。

6. 教师演说评价机制不够成熟，形式单一，没能起到很大的促进作用

例如，第17题：39%的教师选择会及时评价，但是有41%的教师选择回答错了会批评，21%的教师选择全是教师评价，学生不参与。这样的评价方式无疑是单一的，不能对学生起到积极作用。第18题：79%的教师选择在日常演说课上根据情况打分，其实在课堂或者课外都应该设计评价标准，让学生有随时注意自己表达与演说的意识，并且在日常表达中提升演说能力。这需要教师好好研究讨论出合适的评价标准和机制，以促进策略研究能力的提升。

通过这次调查，我们发现教师在认识上较片面。部分教师认为演说课不是一个独立的教学模块，而是依附在其他教学模块之中，而且是很难一下子见到成效的。所以教师在实际的教学过程中不会为演说课做出专门的计划和准备，学生自然也不会重视演说能力的提升，他们喜欢演说课主要是因为不需要写作业或不需要深度参与，只要听一听，教师有时也不能及时评价反馈，以至于学生轻松上课，却没有获得演说技巧的成长。

同时在实际的教学中，教师在演说内容的选择上缺乏创新。在部分教师看来，所谓演说课就是结合书本上的口语交际内容进行相应的训练，没有大语文观，没有结合学生的生活设计丰富多彩的主题，以至于学生慢慢失去了兴趣和表达的欲望。更为严重的是教师在演说教学上能力薄弱，很多教师没有具体的演说目标，也不知道如何设计有针对性的学习活动来进行技巧性指导。提升学生演说能力包括演说内容、态度、技巧、评价等多个方面，不能只局限于某一方面。学生各方面的习惯都不是一下子形成的，他们本身就存在很多演说方面的障碍，如不敢表达，语言贫乏不规范，不善于倾听与思考，无条理性、逻辑性，等等。这就要求教师在日常教学中，从学生的生活之中寻找恰当的主题，从课堂到课外，随时随地有注意自己表达的意识，并且积极设置良好的演说情境，从而使学生的演说能力得到极大的提升。

综上分析可见，目前我校学生在演说方面的能力比较薄弱，在表达能力、思维能力、应变能力方面都很欠缺，急需教师的有序指导。通过调查也发现，我校语文教师的演说水平参差不齐，演说水平较高的教师数量少，因此需在校名师的带领下通过项目化活动加以培养。我们认为影响小学生演说能力的因素有如下几个方面。

（1）环境因素

农村小学生在校外参加的综合实践活动较少，家长不太重视和孩子的交流沟通，导致学生自信心不足，胆小害羞，语言表达能力弱。

（2）课堂教学因素

部分教师没有意识到演说能力培养的重要性，因此很少给学生表达展示的机会。课堂上，教师以知识点的传授为主，缺少对语言文字的建构和运用，导致学生在课堂上没有表达的机会和平台。长此以往，学生慢慢失去了表达的欲望，在表达力的养成方面也没有长进，往往只会用简单的词语或句子来说话。

（3）评价体系

以前对小学生语文能力的评价除了阅读、写作、基础知识的掌握外，其他方面不列入评价中。因此对于学生口头表达能力究竟达到什么程度，很难进行量化的评价。

二、演说能力培养的研究综述

1. 国内外演说能力培养的研究概况

演说作为口语交际的重要形式，最早在希腊被称为"修辞学"。亚里士多德是较早关注演讲领域的学者之一。他于公元前336年发表《修辞学》一书，其中提出了有关演讲的三要素——演讲者、信息和听众。公元前330年，他又发表了《演讲术》一书，该书论述了演讲术与辩论术的区别所在，紧接着分析了听众的本质，还从文体、修辞、谋篇布局等方面强调演讲内容的清晰性和生动性以及唤起听众共鸣的方法。亚里士多德对演讲理论的演讲，在全世界演讲史上具有里程碑的意义，为后世演讲理论与实践奠定了学术基础。

随着经济的迅猛发展以及人际交流得越来越频繁，社会对人们口才的培养日益重视，越来越多的学者参与演讲，也取得了颇为丰硕的成果。对于演讲的理论研究大体分为两种。一种是对演讲的结构、要素、能力技巧训练等方面的教科书式的探讨，如美国学者汉密尔顿的《如何发表公共演讲》、仏华的《跟我学：演讲口才（最新实用口才训练教程）》等。为促进青少年听说读写能力的全面提升，演讲与口才杂志社秉承"以提高中华民族口语表达能力为己任"的宗旨，发挥特有的专业优势，遵循"敢说、能说到会说"的演说规律，编写了《快乐演讲》教材。这套教材注重从演讲的礼仪、发声、技巧等方面进行指导，这类演讲教材的出现加速了演讲知识的推广普及，使得演讲活动逐渐平民化。另一种是从修辞学、语用学等角度对名人、名家的演讲进行分析，得出结论，为演讲理论研究提供新视角，如吴金华的《奥巴马就职演讲的功能文体分析》、张思思的《抗战时期郭沫若演讲研究》等，都是这方面的名篇。

TED（环球会议）是technology，entertainment，design（科技、娱乐、设计）的缩写，这个会议的宗旨是"用思想的力量来改变世界"。TED演讲的特点是毫无繁杂冗长的专业讲座，观点明确，开门见山，种类繁多，看法新颖。目前这种演讲形式被成人广泛运用。

2. 国内有关语文"课前演讲"的研究综述

当然，演讲能力的培养最终还是要"落地生根"。因此在一线语文教学实践中，很多教育界专家、教师提出了"课前演讲"的训练手段，对于这方面的研究主要在以下两个方面有所主张。

"课前演讲"的作用及其必要性。林汇波在《课前三分钟演讲的活动有效性探究》中提出："现有的课堂教学的主要内容，是教材文本解读和面对考试的应试训练。课堂教学内容与学生的生活、与学生的兴趣和需求的距离愈来愈大。一是文选型教材内容远远滞后于时代需要，与现代学生生活存在着一定距离，学生参与率低；二是课堂教学改革缓慢，教学方式未明显改变，学生言语实践活动缺失。"张洪在《课前演讲：提升学生语文素养的有效途径》一文中也认为，当前的语文学习存在"应试化、重写重练不重读"的现象。

在此背景下，开展语文"课前演讲"就显得尤为必要。首先，《课标》明确提出了对学生口语交际能力的要求；其次，语文"课前演讲"活动对学生的各方面能力都是非常好的锻炼机会，除了基本的听说读写能力外，还能培养他们的"信息收集、择选、归纳能力""创新与实践能力"等。李立新、王进等还提出"课前演讲"有德育渗透、帮助学生构建自己的情感态度与价值观的功能。

"课前演讲"开展的策略研究：这里的策略包括举办形式、内容主题的选择、具体流程设计、评价原则等方面。

形式方面，张洪在《课前演讲：提升学生语文素养的有效途径》中提出，要"根据语文学习'感知—感受—领悟—实践—提升'的规律，制定合理演讲序列，即'教师引—讲经典—模仿讲—自由讲—命题讲—供料讲—抽签讲'"。徐瞻松从高中培养的角度，明确表示要根据年级而变换，高一进行自由演讲，高二开展命题演讲，高三开展即兴演讲，这是一个有层次、有梯度、螺旋上升的培养模式，对于小学生分段培养也是有重大参考价值的。

内容主题方面，周宝玲、胡月娥等认为应当不限制内容主题，充分发挥学生的自主性和创造力。但绝大多数实践中还是有明确范围可供学生自主选择的，包括自我介绍、古代神话、成语故事、诗歌鉴赏、走进名人等。徐瞻松、晋会平、戴霞等则是按照从易到难、由简到繁的原则对高一、高二和高三的主题分别做了严格规定。以晋会平的《开展课前演讲，培养说话能力》为例，高一年级：说好句、好段、趣味故事、优秀散文、笑话、日常所见所闻；高二年级：结合课文主题，从文中提取话题，或课本剧编演；高三年级：以高考作文为指向开展主动性训练，引导学生对于新闻事件、热门话题、身边人和事的思考。当然，还有一些教师鉴于学生害羞、能力不强的现状，主张先让学生背诵一些经典故事，慢慢培养兴趣和胆量。

具体流程方面，现有文献中反映出的情况基本是"学生讲—学生评价—教师评价"。桂启升将此种模式概括为"一讲二评"。姚正时认为不管是学生评价还是教师评价，都应当对文章内容、写作特点、演讲中的形式与风格等多方面进行多元化评价。桂启升在《雕虫也要有小技——课前演讲谈片》中还提出，课堂内的演讲结束后要进行"周周小结"，即"每周对演讲的同学和评价的同学都要做出综合评价，即每周评选出最佳演讲者和最优评价者，张榜表扬"。此时的演讲已经不单单是一种训练方式了，更多地表现出它的竞技性，对学生口才能力的培养有很大的推进作用。除了这种阶段性的评优外，姚正时、许秀旻等还建议采取记录本、档案袋或优秀作品集等方式对学生的演讲稿进行保存。这既是对学生演讲现场的肯定，也是推动学生总结经验、继续努力、不断提高的催化剂。

内容、形式、流程确定好之后，为保障"课前演讲"的顺利开展，还应遵循一些基本原则。张洪认为，应按照"与认知程度相结合""与学生不同个性相结合""与课堂教学相结合""与教师点评相结合"的原则，促使演讲的正规化、序列化。彭伟则在《课前演讲——提高学生语文素养的重要方式》一文中要求，坚持"全班参与、制度保障、流程明确、方案公开"的原则。

3. 对国内外现状的理性剖析

综合以上关于国内外培养演说能力相关方面的研究资料，可以发现以下内容。

（1）具有的研究价值和意义

纵观现有的关于培养演说能力的研究，我们可以发现对演讲的理论研究大体分为两种：一种是对演讲的结构、要素、能力技巧训练等方面的教科书式的探讨；另一种是从修辞学、语用学等角度对名人、名家的演讲进行分析，得出结论，为演讲理论研究提供新视角。我们还可以发现演讲能力的培养在一线语文教学实践中，很多教育界专家、教师提出了"课前演讲"的训练手段，这主要以初高中一线教师实践后的总结反思为主，无论是从形式上、内容主题选择上、具体流程设计上还是评价方式上，对小学生演说能力的培养都是有一定借鉴意义的。但成果普遍缺乏理论依据，各自的具体操作方式有很大的随意性，或者不成体系，没有对演说能力的培养目标进行各年段细致的探讨。此外，小学生的年龄特点和认知规律与初高中相比是有很大差别的，因此，开发适合小学生的演说能力培养策略还需做进一步研究。

（2）自己的认识和观点

纵观以上研究成果，我们对于规范培养小学生演说能力有如下感受：首先，根据小学生的年龄特点，初步构建各年段演说能力培养的目标体系，使整个小学阶段演说能力的培养呈现序列性和梯度性。然后，尝试开发适合本校学生的演说内容，从小讲堂、样板间、操练场、资料库四个方面有序列地开发演说内容。最后，在实践的过程中，从低、中、高三个学段对小学生演说能力培养的策略进行研究。以往好多演说能力的研究都讲究"先说再写"，讲究"即时演讲"，再将其写作成文，对学生写作水平的提升有很大作用。但我们认为这比较适合初高中，鉴于小学生现有的认知水平，比较适合"先写再讲"，这样才会更有底气，才能更好地激发他们参与的积极性。因此在演说能力培养策略的研究中，我们将注重采用多种方式让小学生"先写再说"，对演讲文章的谋篇布局进行指导。

（3）已有的研究经历

前期我们采用问卷调查和访谈法对本校学生的演说能力现状进行了个案调查，发现农村学生平时锻炼的机会少，胆子不大，自信心不足，语言表达不够流畅，让他们面对一个话题进行演说，会出现很大的困难：要么手足无措，满脸通红；要么词不达意，杂乱无章；要么低头不语，场面尴尬；等等。因此针对本校学生的特点，我们进行演说能力培养策略的研究，努力让学生初步具有运用口头语言文明地表达自己的见解和主张的能力。

前期我们学校部分骨干教师也在自己的语文课堂上开设了演说课，低学段采用看图说话的形式，初步培养学生的语言应用意识；中学段有类似于"朗读者"的朗诵活动，同伴组队，围绕一个主题写稿子并相互修改，再进行分角色朗诵；高学段有辩论赛和话题演讲，让学生先写，自己练说，再进行展示、师生评价。以上部分教师的做法只是从一个小点展开，后面需要围绕演说能力培养的影响因素、目标体系、内容开发、培养策略等方面系统进行研究。

目前来看，国内外关于学生演说能力的直接研究还是比较缺乏的。国内虽有所涉及，但这是一个全新领域，研究成果寥寥无几，且基本局限在具体课程操作上，鲜有理论和系统化的支撑。鉴于此，本书将着重研究小学生演说能力的培养，以拓宽这一领域，实现新形势下小学生语文核心素养的不断提升。

参考文献

［1］潘树声.论教授国文当以语言为标准［J］.教育杂志，1912（8）.

［2］靳健.语文课程研究［M］.北京：中国档案出版社，2002：70.

［3］柳士镇，洪宗礼，倪文锦.母语教材研究（第六卷）外国语文课程标准译介［M］.南京：江苏教育出版社，2007：107.

［4］陈玉秋.语文课程与教学论［M］.桂林：广西师范大学出版社，2004：5.

（新北区西夏墅中心小学　张丽娟）

第三节　社会生活的实际需要亟待演说能力的培养

一、幼儿园的"每周一讲"引发思考

我在20多年的语文教学中，发现口语表达一直是困扰农村学生的难题，教师们也想了很多办法，进行了一定的研究，但收效甚微。

如何培养学生的演说能力呢？有一件事让我深有感触。有一次，儿子幼儿园的老师联系我，让我为孩子准备一个自我介绍，下周一要参加幼儿园的升旗仪式。回到家，我就问儿子："宝宝，你准备怎样向小朋友介绍自己呀？"孩子天真地说："妈妈，我可以向小朋友说说我的爱好，如拼乐高、画画、读绘本等。""好哇，那你来说，妈妈来写。"于是，我拿出本子，儿子口述，我记录。记录完后，我们俩再一起修改。演讲稿写完后，我就带着儿子演说几遍，随后指导儿子进行有感情的背诵。就这样，有了充分的准备之后，儿子在周一的升旗仪式上做了精彩的演讲，赢得了老师、同学的高度赞扬，甚至还有家长打电话询问孩子参加了什么培训班。我把这个故事讲给同事听，同事问我："你儿子的口头表达能力这么强，是怎样突击出来的呀？"我脱口而出："没有突击呀，只是每周完成幼儿园的演讲作业，到需要展示时就有种水到渠成之感。""幼儿园每周有哪些演讲作业呀？"同事瞪大了眼睛，很是好奇。我顿时豁然开朗，对呀，要培养学生的表达能力，教师得创设情境，搭建平台，注重日积月累。于是我跟同事讲述了儿子幼儿园每周布置的演说作业"稚语心声"的要求，也交流了我在家指导儿子完成的流程，她听完后十分赞同。

就这样，幼儿园的这项作业让我们深受启发，于是我们开始尝试在班里开设"每日一说"栏目,以抽签的方式利用课前三分钟让学生轮流上台进行演说。他们的积极性高涨,十分喜爱这种表达方式,喜爱这个演说舞台,可惜只有短短的三分钟,他们参与的机会太少了。这又引起了我的思考:怎样抓住学生的兴趣点,利用课堂教学来培养学生的演说能力呢?

二、"说好话"是每个现代人的必备技能

《课标》在"总体目标与内容"中指出,学生应"具有日常口语交际的基本能力,学会倾听、表达与交流,初步学会运用口头语言文明地进行人际沟通和社会交往"。语言首先是有声音的语言,语言发于口而闻于耳。研究表明,在个体听、说、读、写的言语活动中,听占44%,说占33%,读占16%,写占9.7%,其中听、说两项占言语活动总时间的74.3%。美国学者华特·洛班指出:"我们每天所听到的相当于一本书的内容,每周所说的相当于一本书的内容量,每月所读的相当于一本书的内容,每年所写的相当于一本书的内容。"也就是说,人们靠听、说接收的信息更广泛、更快速、更具实用价值。

著名散文家朱自清先生云:"人生不外言动,除了动就只有言。所谓人情世故,一半是在说话里。"可见,演说在人的一生中有着极其重要的地位。随着社会的发展,演说能力已成为现代社会一种必备的生存能力,也是考查一个人综合能力的重要指标。正如著名主持人白岩松所说:"在现代社会竞争越来越激烈的情况下,拥有卓越的口语交际能力本身就是你个人具备实力的象征,越社会化,口才好的则就越有优势,得到的机会就越多。"也如卡耐基所言:"现代社会,一个人事业的成功,只有15%取决于他的专业技术,还有85%取决于他的人际关系和沟通能力。"可见提高小学生的演说能力,既是学生终身发展的需要,也是社会发展的需要。

小学阶段是语言发展的最佳时期,演说教学的要点之一就在于语言表达,而语言表达不外乎说与写。其中,说是写的先导和基础。学生在教师的鼓励和帮助下,要敢于说、乐于说,有内容可说,说得有条理,说得有个性。

三、语文课程是培养演说能力的最好"平台"

语文课程旨在对学生的语文素养进行培育,以听、说、读、写能力的提高为主线,注重语言的建构与运用、思维的发展与提升、审美的鉴赏与创造、文

化的传承与理解。

　　说话和写作都是以思维为核心的言语表达，是内部言语的外化，只不过一个用口语，一个用文字，一个是输出，一个是输入。语文学习中，听、说、读、写四种基本形态是一个有机的整体，它们相辅相成，缺一不可。一方面，听，是言的基础；说，是言的直白；读，是言的传递；写，是言的呈现。另一方面，言，又是听的先认知，是说的心底稿，是读的驱动源，是写的内隐藏。一个人学习言语，总是从口头到书面再到综合，即先学口语的听说，然后学书面语的读写。加强演说的学习，能有力地促进学生阅读、写作能力的提高。叶圣陶说："怎么想，怎么说，怎么写，是分不开的。"著名语言学家吕叔湘先生在《关于语文教学问题》一文中也指出："让学生在语言方面得到应有的训练，说起话来有条理性，有头有尾，不重复，不脱节，不颠倒，语句连贯，用词恰当，还愁他不会作文？"而演说学习的过程就是培养学生通过思维把语言组织起来阐明观点、表达情意的过程。在语文学习中，听说和思维是一体的，学生在演说时要想说得有条理，思维必须准确严密，而在这个基础上的文字表达必定会结构严谨、语言流畅、易于理解。

　　在语文教学中融入演说学习，有意识地训练学生运用不同的形式进行演说，不仅能提高学习的效率，还可以弥补语言表达的不足，可谓一举两得。例如，在阅读教学中，当学习一篇课文时，学生可针对课文内容提炼一个话题，进行演说、交流。学习《月光曲》，在学生知道贝多芬创作《月光曲》的故事后，相机拓展欣赏贝多芬的另一首曲子《致爱丽丝》，让学生借助课前阅读的资料用演说的方式讲述此曲创作的故事。学完《三打白骨精》一文可提出这样的话题：唐僧师徒中你最喜欢谁？让学生上台演说自己的感悟。在口语交际教学中，演说的空间和时间就更充分了。又如，统编版语文教材六年级上册第二单元的口语交际要求学生选择一个话题做一次演讲；统编版语文教材六年级下册第四单元的口语交际布置了即兴发言的话题，这是演讲中的高层级要求，考查学生的表达能力和思维能力；统编版语文教材六年级下册第五单元的口语交际安排了辩论，这是演讲中的最高层级要求，考查学生的表达能力、思维能力和应变能力。

　　然而，相当一部分人认为演说能力会随着年龄的逐渐成熟，在个人与社会的互动中自动学会、发展，不需要再对其进行专门的学习和培养。这就导致我国的口语交际正式进入语文课程的视域不仅时间较晚，而且其进入学校课程的历程也极为艰难。从1992年中小学语文教学大纲提出"听话"和"说话"教学，到2000年修订语文教学大纲时改称"口语交际"，再到2001年语文课程标准对"口语交际教学"的一系列完整表述，一直到现在统编版语文教材对"口语交际教学"的目标十分明确，学生说的能力的培养才逐渐在语文课程的深入实施中得到重视。

　　基于此，笔者主张小学语文教学中重视学生演说能力的培养，并申报了"小学生演说能力培养策略研究"的省级课题，在课堂教学中边研究边实践，旨在提高农村小学学生演说能力。

参考文献

［1］李丽.口语交际学习论［M］.北京：语文出版社，2012.

［2］姜树华.言意共生——指向人的语文教学［M］.南京：江苏凤凰教育出版社，2016.

（新北区西夏墅中心小学　张丽娟）

第二章

小学生演说能力概述

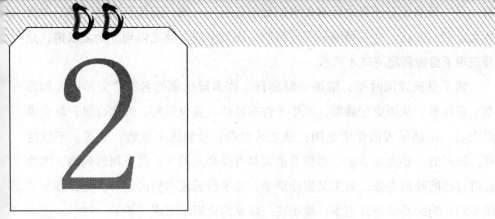

2

第一节　小学生演说的基本内涵

一、我国演说的发展历程

演说又称作"讲演"。有学者研究认为，我国"演说"一词最早出现在《北史·熊安生传》，在古代"演说"最早的意思是答疑解惑、消除分歧。

公元前21世纪，夏启在与有扈氏大战于甘之前做了一次军事动员式的誓师演说，这是一段演说学习的典范，它以口头言语为载体，动员将士们听从命令，语气坚定，恩威并施，充分显示了夏启良好的口才。

公元前13世纪，盘庚为了消除政治危机，巩固王朝政权，先后发表了三次政治动员，终于完成了迁都大业。他的第一篇演说是迁都之前对贵族们的劝说；第二篇演说是迁都之际对奴隶们的"危言"；第三篇演说则是迁都后对贵族大臣们的安抚。这三篇演说观点鲜明、态度坚决，晓之以理、动之以情，充分表现了盘庚高超的口才艺术。

到了春秋战国时期，游说论辩盛行。许多辩论家的名字广为传诵，如苏秦、张仪等。从历史记载看，流传了许多佳话：张仪说楚，六国合纵；触龙说赵太后，不动兵刃而保全赵国；烛之武说秦，救赵国于危难；等等。不仅这样，当时的一些大文学家、思想家也都具有极高的辩才：孔子周游列国，四处宣讲自己的政治主张，后来又聚徒讲学；孟子行云流水般的论辩，充分展示了他不同凡响的劝谏语言艺术；墨子在与儒家的论辩中形成"墨辩"辩学；庄子汪洋恣肆的论辩才能，让我们叹为观止。

清末民初，随着社会半封建半殖民地化的加深，"演说"这一在欧美运用广泛、作用巨大的宣传形式，便自然影响到当时中国社会的先进分子。从孙中山到毛泽东，在整个民主主义革命进程中，一个个用演说抨击旧社会、旧势力的革命家应运而生。孙中山是早期的著名演说家之一，在中国同盟会成立前7天，孙中山先生在日本东京华侨和留学生举行的欢迎大会上做了《中国决不会沦亡》的演说。曾先后担任北伐革命军总司令、南京临时政府陆军总长和江苏讨袁军总司令的黄兴，在演说口才方面当时更是无人能比。据《黄兴集》记录，仅1912年9月至12月间，他就发表演说多达35次。革命家秋瑾更是大力提倡演讲演说，她的演说完全是谈家常式的，推心置腹地对听众娓娓道来。这样的演说把听众与演讲者紧密地联系在一起。秋瑾还在演说中罗列了大量当时司空见惯的事实，让听众瞬间有了身临其境之感。

在西方，演说之意最早出自《荷马史诗》，行吟的盲诗人荷马游历四方，向公众演说特洛伊战争的英雄事迹。后来，随着古希腊城邦民主制度的确立，越来越多的自由民众参与城邦管理，他们纷纷对公众发表演说，阐述自己对政治等方面的看法。经过亚里士多德《修辞学》、西塞罗《论演说家的培养》、昆体良《演说术原理》等的研究和总结，演说成为一门独立的学科，是"七艺"的重要组成部分。从此，演说活动经久不衰且日益繁盛。

我国五四新文化运动引入了西方的"演说"概念。新文化运动中的演说者首推胡适。他早年反对文言文，提倡白话文，积极推进文化革命，是五四新文化运动的几个代表人物之一。《中国公学十八年级毕业赠言》是他的一篇很有代表性的演说，极具个人品行和文化特色，现全文抄录于下：

诸位毕业同学：你们就要离开母校了，我也没什么礼物送给你们，只好送一句话罢。这一句话是："不要抛弃学问。"以前的功课也许一大部分是为了这张毕业文凭，不得已而做的。从今以后，你们可以依自己心愿去自由研究了。

趁现在年富力强的时候，努力做一种专门学问。少年是一去不复返的，等到精力衰疲时，要做学问也来不及了。即为吃饭计，学问也绝不会辜负人的。

吃饭而不求学问，三年五年之后，你们都要被后进少年淘汰的。到那时再想做点学问来补救，恐怕已太晚了。有人说："出去做事之后，生活问题急需解决，哪有工夫去读书？即使要做学问，既没有图书馆，又没有实验室，哪能做学问？"我要对你们说：凡是要等到有了图书馆方才读书的，有了图书馆也不肯读书。凡是要等到有了实验室才做研究的，有了实验室也不肯做研究。你们有决心要研究一个问题，自然会撙衣节食去买书，自然会想出法子来设置仪器。至于时间，更不成问题。达尔文一生多病，不能多做工，每天只能做一点钟的工作。你们看他的成绩！每天花一点钟看十页有用的书，每年可看三千六百多页书，三十年读十一万页书。诸位，十一万页书足可以使你成为一个学者了，可是，每天看三种小报也得费你一点钟的工夫，四圈麻将也得费你一点钟的光阴。看小报呢？还是打麻将呢？还是努力做一个学者呢？全靠你们自己的选择！易卜生说："你的最大责任是把你这块材料铸造成器。"学问便是铸器的工具。抛弃了学问便是毁了你自己。再会了！你们的母校眼睁睁地要看你们十年之后成什么器。

胡适先生的演说晓之以理、动之以情，推心置腹地向学生们讲述做学问的道理，可谓谆谆教导，拳拳情意，殷殷期望，让人动容。梁启超和鲁迅是思想先驱的演说者，他们的演说有一股强大的力量，撞击着人们的心灵，同时他们自身也具有超级演说的能力。据考证，从1912年到1936年间，鲁迅共发表演说67次。

新文化运动时期的演说词从语言风格上越来越走进民众，注重交际沟通中的情感态度和方法。向对方传达自己对交流话题感受的时候，以理解、友善、宽容和尊重为前提，可以显示出优雅的风度和高尚的魅力。述说时条理清晰，用口语表达，避免晦涩，渲染氛围，增加了言语的艺术感染力。

在中华人民共和国成立前夕，在中国人民政治协商会议第一届全体会议上，毛泽东发表了《中国人民站起来了》的讲话，震动世界。此外，还有周恩来在黄埔军校、在西安事变、在国共谈判、在中华人民共和国成立后的世界舞台上发表主张、展示风采。

随着时代的发展，演说也在不断进步。除了主题鲜明、逻辑严密、气势贯通外，更注重以体态语言为辅助手段，面对听众发表意见、抒发情感，有情境，有渲染，有震撼。

二、小学生演说的内涵

自《课标》实施以来，学生演说能力的培养得到重视，《课标》中明确指出，"口语交际能力是现代公民的必备能力。应培养学生倾听、应对和表达的能力，使学生具有文明和谐地进行人际交流的素养"，并"鼓励学生在各种教学活动中锻炼口语交际能力"。《课标》对小学生在口语表达方面做了明确具体的要求和建议。小学阶段是一个人语言发展最快的阶段，在小学时期语言能力如果能得到很好的开发，必将为学生今后的顺利发展奠定良好的基础。基于以上分析，本书试图通过对演说理论内涵的阐释和分析探索培养小学生演说能力的相关策略，让学生从敢说、能说到会说。

《现代汉语词典》对"演说"的解释为："就某个问题对听众说明事理，发表见解。"本书研究的"演说"专指小学生在特定的时境中，以有声语言为主要手段，以体态语言为辅助手段，面对听众发表意见、抒发情感的一种实践活动。这种演说以"说"为主，以"演"为辅，互相交织、互相渗透、互相促进。"说"要起主导作用，是决定因素；"演"则必须建立在"说"的基础上，否则，它就失去了存在的意义。

演说能力是演说者在公开场合发表演说所具备的心理智力结构。它的主要构成要素包括表达能力、思维能力、应变能力。本书所指的"演说能力"是根据小学生的特点，初步培养学生具有运用口头语言有条理地表达自己的见解和主张的能力。

我们认为，小学生演说能力包括表达能力、思维能力、应变能力。表达能力是指运用和理解口头言语的能力，包括发音能力、言说能力、倾听能力。发音能力包括普通话语音能力和表达技巧方面的能力，如调节语调、重音、停顿的技能。《课标》对发音能力的要求包括"学讲普通话，逐步养成讲普通话的习惯""能用普通话交谈""表达要有条理，语气语调适当""借助语调和语气""注意表情和语气，使说话有感染力和说服力"等。言说能力主要是指理解与掌握口语特点和运用口语表达的能力，是信息输出的能力。《课标》对学生言说能力的基本要求包括"能清楚明白地讲述见闻，并说出自己的感受和想法""能较完整地讲述小故事，能简要讲述自己感兴趣的见闻""有说服力和感染力"等。倾听能力是指听众对所听到的话语进行听辨和语意理解的能力，是信息接收的能力。《课标》对学生的基本要求包括"认真耐心，能抓住要点""能听出讨论的焦点""善于倾听""耐心专注地倾听"等。

思维能力是语文能力素养中的核心，人们从演说的产生到展示都离不开思维活动。思维越清晰，口语表达越清楚、越准确；思维越深入，口语表达越有深度、越有分量；思维越灵活，口语表达越新鲜、越有独到见解。可以说，思维的水平在很大程度上决定着演说的质量，思维应该是演说最重要的前提和基础。演说的产生是理性思考与感性经验双向互动、共同生发的结果，其中既有理性的逻辑思维，又有感性的情感表达。"有独立见解""敏捷应对""完整准确""有自己的观点""有中心、有条理、有根据""清楚、连贯、不偏离话题""恰当地应对和辩驳"等,都是《课标》对学生思维能力的要求。其实在生成演说稿前,只有想清楚了,才有可能说明白。如果没有想清楚,是不可能说明白的。当我们准备在公众场合表达自己的思想时,往往力不从心。这时我们才发现事实上是自己的思维过程还没有完成,我们还没有在脑中形成清晰的思维体系或者还没有找到自己要表达的观点,脑中还只是模模糊糊一片。

应变能力是指演说过程中演说者对处于变化状态的演说活动做出及时反应和调整,听众对演说者在内容、态度、体态三个方面进行合理评价的能力。演说是听与说双方的互动过程,是听说双方思想感情的交流活动,不是单边的行为。听众对演说者传达的信息需要及时做出言语或肢体、或目光等的反馈。如果没有任何回应,演说就没有互动。在日常的演说过程中,听众与演说者处于不断交流中,演说者不能目中无人,自顾滔滔不绝,可以用语言、手势、面部表情等与听众交流;听众也不能袖手旁观、自听自乐,要在恰当的时机及时做出言语、动作、面部表情上的回应。

小学生演说能力的构成要素有演说的内容、演说的态度和演说的技巧三个方面。从低学段来说,演说内容上表现为能清楚明白地口述一件事情,能较完整、较生动地叙述故事;演说态度上表现为能大方地表达意见;演说技巧上表现为能口齿清晰、声音响亮地当众发表意见。从中学段来说,演说内容上表现为能把握说话重点,不偏离主题,并能较具体生动地表达;演说态度上表现为能自信地表达意见;演说技巧上表现为能初步依靠适当的面部表情、手势和身体姿态动作来辅助表达思想感情。从高学段来说,演说内容上表现为能善用语言有条理地、完整而优美地表情达意;演说态度上表现为能较熟练地脱稿演说或即兴发言;演说技巧上表现为能运用适当的语气、语调、语音表情达意。

参考文献

李丽.口语交际学习论[M].北京:语文出版社,2012.

(新北区西夏墅中心小学　张丽娟)

第二节　小学生演说的基本特征

一、自信表达

据调查，大多数小学生在演说时面临的最大障碍就是紧张、害怕、不自信。美国口才大师詹宁斯·伯瑞安初次上台演讲时两个膝盖颤抖得碰在一起；美国讽刺作家马克·吐温第一次当众朗诵时口中像塞满了棉花；印度前总理英迪拉·甘地初次发表演讲时"不是在讲话，而是在尖叫"；古罗马雄辩家西塞罗开始演讲时脸色苍白，四肢和整个心灵都在颤抖；被喻为20世纪八大演讲家之一的英国前首相温斯顿·丘吉尔开始演讲时心窝里似乎塞着一块厚厚的冰疙瘩。著名儿童文学作家林良先生在《爸爸的16封信》中写了自己小学时的经历：从三年级到六年级，林良都非常惧怕上台，以请病假等各种方式逃避，直到听闻学校为自己的说话困难专门开会研究，自尊心受到了刺激，小小的林良才下定决心改变，从第一次上台不懂得准备讲话稿到后来成为一个经常演讲的人。

可见，要想获得自信和勇气，离不开充分的思想准备。调整自己演说时的语速，不受太多外在因素的影响，自己充分相信自己。当演说比赛到来的时候，准备了一个很好的演说题目，自主收集资源、撰写演讲稿、反复修改、多次练习，可以流利、充满感情地开始自己的演讲。这样可以充分增强自己的自信心。

同时适当加入一些辅助手段，也是增强自信心的要素，如配上精美的PPT，加上适宜的音乐，绘制小报或思维导图，或者带上实物道具等，用身边的事物帮助自己，使语言流畅、感染力强。

二、思维清晰

教学生进行演说，除了要给予学生自信和鼓励外，更多地要教学生如何想好思路，用语言清晰地表达自己的想法。有一句话叫"思路对头了，一步一层楼；思路不对头，步步栽跟斗"。怎么教学生形成清晰的思路呢？笔者认为可以从两个方面进行思考，一是从自身角度思考，二是从听众角度思考。

首先，引导学生把自己的思想表达出来，摆出自己的观点。演说不是只顾堆砌华丽的辞藻，而是要形成鲜明的观点。观点形成了，可以采用适合的方法来摆事实、讲道理。低学段可以按照一定的顺序进行讲述，中学段可以加入收集的资料补充说明，高学段可以借助思维导图厘清线索。

其次，从听众的角度来思考如何让演说更吸引人。例如，讲故事的方式很能把听众带入情境，思维导图的方式能让听众一目了然，图片音乐的方式能让听众身临其境。站在听众的角度设身处地地思考，不断完善自己的演说内容，使自己的演说条理更清晰、语言更生动。

三、及时应对

在演说过程中，思维与表达在内涵上是一致的，也就是说的内容为思考的结果。演说是一种面对面的交际行为，在这个过程中，演说者需要表达自己的观点，因此演说者不可能说说停停，一般都是按逻辑、随语流、连续不断地把一件事、一个问题说完，以免造成现场的冷场。这就是开头说到的思维与表达的一致性。据有关学者研究，演说者在演讲时停顿5秒钟以上就会使听众产生疑问而影响表达效果。所以在演说时，演说者要学会根据场景、听众的情感态度等一边说一边调整，密切关注听众的神态、动作等反馈信息，能及时调整自己演说的内容、表达的方式、礼仪举止。听众在接收到演说者的信息后能立刻进行积极的思考，处理信息，及时做出得体的应对。可见，在演说过程中，演说者与听众是一种互动交流的关系，双方都要学会及时应对，如此才能达到演说的最佳效果。

参考文献

[1] 李真顺. 脱稿演讲与即兴发言：职场应用版 [M]. 北京：北京联合出版公司，2017.

[2] 祝禧. 用言语改变生活——关于"校园演讲"的实践与思考 [J]. 语文教学通讯录，2018（12）：25-28.

（新北区西夏墅中心小学　张丽娟）

第三章
小学生演说能力的目标架构

第一节 小学生演说能力的维度构建

"年段目标"是演说能力培养的方向，以《课标》各学段对口语交际的要求为总纲，以教材和生活素材为主材，结合学生思维发展规律，在演说教学中我们重点培养学生的三种能力：表达能力、思维能力和应变能力。低、中、高三个学段从表达能力、思维能力、应变能力三个维度系统构建小学生演说能力的发展体系（表3-1至表3-3）。为小学生演说能力的提升搭建循序渐进的台阶，使学生感受到演说是一件愉快、新鲜的事情，更是一件有挑战的事情。可以说，演说能力维度的构建可以使学生在教师的指导下不知不觉地表达自己的心声，吐露自己的想法。

表3-1 低学段演说能力维度构建

学段	演说能力	维度内容
低学段	表达能力	1. 能口齿清晰、声音响亮、大方地当众进行演说 2. 能句式连贯地口述几句话，表达要规范、准确
	思维能力	能按照一定顺序看图或观察事物，并展开想象，完整地演说其内容
	应变能力	听者能从态度、内容两个方面对演说者进行评价

表3-2 中学段演说能力维度构建

学段	演说能力	维度内容
中学段	表达能力	1. 能运用适当的面部表情、简单的肢体语言来自信地进行演说 2. 能用简单的构段方式，如总分、分总、总分总等清晰而具体生动地说一段话
	思维能力	能把收集的资料进行整合加工，图文结合、清楚明白地演说其内容
	应变能力	听者能从态度、内容、体态三个方面对演说者进行评价

表3-3　高学段演说能力维度构建

学段	演说能力	维度内容
高学段	表达能力	1. 能运用适当的语气、语调、语音，抑扬顿挫地进行演说 2. 能恰当使用修辞手法有条理地说出自己的独特感受，能较熟练地脱稿演说或即兴发言
	思维能力	能借助思维导图，厘清线索，分清主次，有中心、有条理地演说其内容
	应变能力	1. 听者能从态度、内容、语言、体态四个方面对演说者进行评价 2. 演说者面对给出的话题能进行即兴发言，能及时依据听众的意见调整、修改自己的演说

　　这三个学段的演说能力有明显的侧重点，同时也彼此联系、螺旋上升。表达能力、思维能力、应变能力贯穿演说的全过程，涵盖行为、情感和思维三个层面，这三种能力互相融合，共同体现在一个人的身上，形成完整的演说能力。

（新北区西夏墅中心小学　张丽娟）

第二节　小学生演说能力的学段构建

一、低学段

总体目标：

（1）能清楚明白地口述一件事情，能较生动活泼地叙述故事。

（2）能有礼貌地表达意见。

（3）能口齿清晰、声音响亮、当众发表意见。

一年级：

（1）坚持说普通话，养成说普通话的习惯。

（2）说话口齿清楚、发音正确、声音响亮、神态自然。

（3）能用完整的语句回答问题。

（4）能用自然的态度说话。

（5）能简单介绍自己。

（6）在看图或观察事物后，能以完整语句简要说明其内容。

（7）能简单地讲述自己身边的故事。

（8）听故事后，能用自己的话大致复述故事内容。

　　重点进行替换和扩展的训练，使学生学会说完整的句子，不仅要掌握句子的基本格式［①什么时候，谁在什么地方干什么；②什么是什么；③谁（什么）怎么样］，而且要给句子添枝加叶，把句子说具体，培养丰富的想象力。

二年级：

（1）能清楚明白地口述一件事情。

（2）能展开想象，较完整、较生动地看图讲故事。

（3）听故事、看音像作品后，能用自己的话连贯地复述故事内容和精彩情节。

（4）能清楚说出自己的意思。

（5）能简要讲述自己感兴趣的见闻。

（6）与别人交谈，态度自然大方，有礼貌，有表达的自信心。

（7）说话时能保持适当的速度与音量。

重点进行常见的复句类型及关联词语的教学及训练，提高学生的思考能力和思维联系能力，使思维多向化、复杂化，提高他们的口语连接能力。还要训练学生把不同类型的复句串联起来，逐步发展他们的语言联系能力，提高他们的口语表达能力。

二、中学段

总体目标：

（1）能把握说话重点，不偏离主题，并能较合适地表达。

（2）能自信地充分表达意见。

（3）能依语气需要，调整说话速度，说出自己的感受和想法。

三年级：

（1）能根据主题表达意见，发言不偏离主题。

（2）能先想然后再说，有礼貌地应对。

（3）能口齿清晰、声音响亮地当众发表意见。

（4）积极参加讨论，对感兴趣的话题发表意见。在讨论问题或交换意见时，能清楚说出自己的意思。

（5）能较流利、较生动地讲述故事。

（6）能转述问题的内容，并对不理解的问题提出询问。

重点进行一段话的口语训练，要做到话题集中，中心突出，不跑题；要目的明确，让人一听就明白；还要尽可能说完整。

四年级：

（1）能生动而具体地讲述故事。

（2）能清楚明白地讲述见闻，说出自己的感受和想法。

（3）说话用词准确，语意清晰，内容具体，主题明确。

（4）能简要做读书报告。

（5）能明确表达意见，并清楚表达情意。

（6）学会认真倾听，能就不理解的地方向人请教，就不同的意见与人商讨。

重点进行语段复述、仿说等训练，使学生逐步建立并形成良好口语语段的语感；提高学生口语语段的结构能力和组织能力，学会说具体、说生动，说出真情实感。

三、高学段

总体目标：

（1）能善用语言适切地表情达意，能较自然地发表讨论和演说。

（2）能表现良好的言谈。

（3）能注意抑扬顿挫，能因应不同说话目的与情境，适度表现自己。

五年级：

（1）能将所听到的内容用完整而优美的语句说出来。

（2）能根据对象和场合，稍做准备，做简单的发言。

（3）表达能有条理，语气、语调适当，能依语气需要，调整说话速度。

（4）能在讨论或会议中说出重点，能和他人交换意见，充分沟通。

（5）能正确、流利且带有感情地与人交谈。

（6）能谈吐清晰优雅，风度良好。

重点要训练学生根据对象、场合、时机等因素，注意话语的称谓、口气、态度、措辞等方面，要尽可能做到得体。

六年级：

（1）能口述见闻，或当众简要即兴演说。

（2）能在言谈中，妥当运用各种语言词汇。

（3）能创造性地复述课文。

（4）面对不同意见时，能举证事实，有条理地进行论辩，能在辩论中精要地说出有利己方的意见。

（5）表达意见时，尊重包容别人的意见。

（6）能注意抑扬顿挫，发挥说话技巧。

（7）能修正自己说话的内容，使之更动听、更感人。

（8）能养成主动表达的能力和习惯。

重点进行口语表达中语音要素教学和训练。要让学生全面掌握并能运用口语表达中的各种语音要素，根据说话的目的、场合等合理进行轻重缓急、高低起伏、抑扬顿挫的处理。

（新北区西夏墅中心小学　张丽娟）

第四章

小学语文教学中演说能力培养的
实施路径

第一节　阅读教学中演说能力培养的
实施路径

　　所谓演说，又叫演讲或讲演，是一种直接面对听众，针对某个具体问题，发表自己的见解和主张，阐明事理或抒发情感，进行宣传鼓动的语言交际活动。演说是运用语言文字在思维驱动下表情达意的语用素养，它既是一种言语表达，又是一种言语思维，还是一种言语回应。可以说，演说能力是语言表达力、思维力、应变力的合力，是考查一个人综合能力的重要指标。

　　《课标》虽然只是在第四学段（7~9年级）的"口语交际"中明确提出演说目标"能就适当的话题做即席讲话和有准备的主题演讲，有自己的观点，有一定说服力"，但是任何教学目标的实现都不是一蹴而就的事情，而是长期培养和不断发展的结果。例如，第三学段的"口语交际"中指出："能根据交流的对象和场合，稍做准备，做简单的发言。"统编版语文教材六年级"口语交际"中就编排了演讲、即兴发言和辩论。这就告诉我们，在小学阶段就要培养学生的演说能力。然而，纵观现在小学生演说的水平，不愿说、不会说、说不好的现象很多。学生演说能力的提升成了一个难题，这是为什么呢？

　　（1）以听讲为主，缺少表达欲。学生习惯听讲，缺少表达的冲动，大多数学生都不愿意发表自己的观点。

　　（2）以知识为主，缺少实践场。有些课堂关注到了文本中独特的言语形式，但这些言语形式是以知识点进行讲述的，学生缺乏深入理解，更缺乏系统、有效的迁移运用。

　　（3）以按图索骥为主，缺少联系渗透。局限于教材中每个单元的"口语交际"练习，就"口语交际"讲口语交际，终将势单力薄而成"鸡肋"，完全忽视了阅读教学与口语交际并不能截然分开，只有两者融合，才能相得益彰。

因此，需要教师在阅读教学中，从重视语文知识教学转移到强调语言经验的积累上，通过演说加强语言表达的训练，丰厚学生的语言积累，引导学生汲取能量、发表意见、抒发情感，让学生爱说、会说、善说，进而能够演说。

一、立足词句进行仿说，迈出演说第一步

演说是面对听众的表达，要能吸引听众的注意力，就要求演说必须形象生动、深入浅出、富有情趣。因此在低年级的阅读教学中，可以从一些有新鲜感的词句入手，通过比较、推敲、仿说等策略训练学生说一句完整、清楚、生动的话，甚至达到口语化的程度，以此来指导学生积累语言和活化语言，打破常用书面语与学生口头语之间的壁垒，提升学生口头表达的词汇丰富程度和增强学生的语感。

1. 理解词义，用文中词语练说

词语有色彩、有温度，在理解的基础上运用，更能彰显活力。例如，统编版语文教材一年级上册《小蜗牛》中有一句："小树长满了叶子，碧绿碧绿的。"学生对"碧绿碧绿"这个形容颜色的词语感到很新鲜。教师先指导学生说说"碧绿碧绿"是什么意思，然后照课文的样子说说还有什么是"碧绿碧绿"的，谁的演说能让人有更鲜明的"碧绿碧绿"之感。有学生说："地上长满了青草，碧绿碧绿的。"有学生说："松树长满了松针，碧绿碧绿的。"还有学生说："雨水落进了池塘，碧绿碧绿的。"在说的过程中，学生有了语气、表情的强调，感受到了叠词在口头表达中特有的效果。可见，一个新鲜词不仅引起了学生积极的思考、生动的练说，而且演说的"味"更浓了。

2. 揣摩句式，借情境创设趣说

特殊句式是学生平时很少运用的语言，却是值得学习的新句型。例如，嵇文佳老师在执教统编版语文教材二年级下册《雷雨》一课时，关注到文中的特殊句式："满天的乌云，黑沉沉地压下来。一只蜘蛛从网上垂下来。"先读"压""垂"这两个生字，观察重要笔顺。再读"压下来""垂下来"这两组词语，用手势做做动作，体会"压"这个词写出乌云的低和可怕，"垂"这个词写出蜘蛛直直地落下来。然后根据情境图让学生运用"压下来、垂下来"和老师对口令，老师问："什么什么压下来？什么什么垂下来？"学生答："石

头石头压下来。柳条柳条垂下来,稻穗稻穗垂下来。"最后出示诗句让学生用"压""垂"来填空:万条( )下绿丝绦;千朵万朵( )枝低。

这两句话中的"压""垂"既是生字,又是形象的动词,对许多学生而言更是很少使用的词语。因此发现教材中的新鲜处,从一个词或一个句式开始仿说,是帮助低年级学生进行演说训练的第一步。

二、赏析段落倾情言说,提升演说感染力

每篇文章都有精彩的段落,一般按顺序构段展开,常用设问句引起读者注意,用排比句增强气势,用细节描写丰富作品内涵,用多种修辞抒发独特情感……因此,中高学段教学时要敏锐关注教材中的精彩段落,引导学生揣摩言语运用技巧,体会作者遣词造句、修辞表达等方法,然后引导学生模仿文本的表达方式进行演说。这样既能帮助学生从中汲取丰富的书面语言表达的营养,又能让学生抒发强烈的思想情感,增强演说感染力。这样的融合教学,使第二学段"讲述故事力求具体生动"的口语交际教学目标就更容易达成了。

1. 品读人物,学细节描写仿说

语文课本中不乏精妙的人物细节描写,教师要利用好这些精彩片段,在充分赏析的基础上指导学生进行有效言说。例如,执教统编版语文教材三年级上册《掌声》一文时,指导学生品读描写英子的段落,学生从细腻的语句中感受到细节描写的生动,特别是对英子动作、神态的细致描写,把人物特点刻画得十分传神。随后让学生观察或回忆身边同学的一个细节,模仿文中的表达方式进行自主练说、小组交流,最后进行全班现场演说。学生的演说让人眼前一亮:

突然,一双纤细的手,正端着一杯冒着热气的水,小心地放在我的桌上。我抬头看了看她那张清秀的脸,正温和地笑着,嘴角弯成了一道迷人的月牙儿,"把水喝了吧,喝了就会好些的。"

挖掘教材中的人物细节描写,有利于学生从精彩的描写中领悟、模仿,这样的演说语言形象生动,感情细腻真挚,收到了意想不到的效果。这种演说能力培养的策略可以贯穿学生的整个学习阶段。

2. 领悟意蕴,寻差异之处演说

课文中的语言带有示范性,尤其是那些与学生有差异的语言,是学习演说最好的材料。例如,统编版语文教材五年级上册《慈母情深》中对母亲有这样

的描写:

> 背直起来了,我的母亲。转过身来了,我的母亲。褐色的口罩上方,一对眼神疲惫的眼睛吃惊地望着我,我的母亲的眼睛……

> 母亲说完,立刻又坐了下去,立刻又弯曲了背,立刻又将头俯在缝纫机板上了,立刻又陷入手脚并用的机械忙碌状态……

教学时,我们不仅要让学生发现这两段描写与平时表述的差异,即反复手法的运用、特殊句子的后置、慢镜头和快镜头的转换,更重要的是知道这种手法在表情达意上的作用。它不仅仅是一种特别的写作形式,更寄托了作者深层的写作意图,即"我"目睹了母亲在如此恶劣的环境中辛勤工作,这一幕让"我"的内心受到极大的震撼。此时作者内心澎湃的激情只有借助反复的手法,用慢快镜头的交替,才能得到淋漓尽致的表达。这就是作者连续用反复手法所具备的形式与内容的双重意蕴。在学生深刻领悟的基础上,让学生回忆自己的母亲并进行仿说。学生在演说中讲述了一幕幕感人的画面:

> 母亲在书房那昏暗的灯光下连夜为我写着演讲稿。"妈妈,喝杯水吧。"随着我的一声呼唤,腰直起来了,我的母亲。揉了揉眼睛,我的母亲。左手按了按太阳穴,我的母亲。深陷的眼窝中散发着智慧的光芒,我的母亲……待母亲把水喝完,她立刻又拱起腰背,立刻又紧盯电脑,立刻又用手指在键盘上娴熟地敲击,立刻又进入自言自语的写作状态……

引导学生认识课文语言与自己语言的差异,在一次次的演说中帮助他们缩小语言表达的差距,传递心中的情感。这样具有生动感染力的演说,既吸引听众的注意,又提高了演说的质量。

三、寻找视角多元对话,拓展演说新观点

演说一定要有自己的鲜明观点,而且要能够清晰地表达自己的见解和看法,这也是"口语交际"的教学要求。在阅读教学中,教师要给学生寻找多元的阅读内容,提供多个阅读视角,引导他们多角度思考问题,学会自由表达多元化的观点。在阅读教学中,有自己的见解,学生的个性才会得以发展,学生才会敢说、想说、会说。当观点明确了,演说才会有意义。

1. 比较辨析,用高阶问题活说

高阶问题就是具有思维含量的问题,如解释性问题、选择性问题、洞察性

问题，这样的问题蕴含了运用知识和综合思考的能力，有利于学生的思维向纵深推进，更有利于学生多元表达，形成观点。例如，统编版语文教材五年级上册的《将相和》，如果设计认同性问题"蔺相如的机智勇敢体现在哪里"，学生只需到文中去收集信息；如果设计选择性问题"蔺相如是'真撞'还是'假撞'"，要很好地完成这个问题，学生就要解读文本，不仅要做到准确理解，还要联系上下文分析比较。把见解与事例紧密结合，形成自己的充足理由，才能自然地表达观点。

2. 树立观点，严谨有序地辩论

著名语言学家、教育家王力先生曾指出，文章写不好，并不是由于他写了几个错别字，也不是因为他不懂语法，主要是逻辑思维问题。辩论更是如此，要指导学生学会树立观点、结构严谨、追问因果、言之有序。例如，学完统编版语文教材六年级上册《只有一个地球》后，设计辩论话题：人们为了拓宽城市道路，想砍掉道路两旁生长了几十年的大树。正方认为这是促进经济繁荣，砍树是值得的；反方认为砍树容易栽树难，政府应该另想办法发展交通。先引导学生学习典型的辩论词，了解辩论词的结构特点：陈述观点—举例论证—总结观点，从而形成清晰的印象；再放手让学生运用举例说明观点的方法去收集材料，严谨有序地模拟辩论；最后在班内进行唇枪舌剑。学生在实战练习中不断完善自己的语言，也不断调整自己的思维方式。

四、关注篇章当众演说，增强演说现场感

学生演说能力的发展，不仅表现在词句和段落的掌握上，还表现为形成篇章意识和发展篇章能力。篇章意识形成的重要阶段是高学段，因此，高年级阅读教学要指导学生学习谋篇布局的方法，学习教材中某些篇章的独特之处，让学生经过言语实践，在学习积累的过程中培养学生当众演说的能力。

1. 积累内化，选课后习题复述

统编版语文教材依据学生语言能力发展的特点，循序渐进地使学生练习各种各样的复述。例如，二年级教材安排借助图片等讲故事，三年级安排详细复述，四年级安排简要复述，五年级安排创造性复述。这样的复述练习就是训练演说的一种策略，有利于学生发现文章的线索，把握文本整体的布局规律，在建构篇章意识的同时发展演说能力。

例如，统编版语文教材六年级上册《狼牙山五壮士》课后思考练习题"根据课文内容填一填，再讲讲这个故事。接受任务→（　　　）→（　　　）→（　　　）→跳下悬崖"。如何让学生厘清故事并试着转述故事呢？首先，要学会列提纲，在梳理故事的起因、经过、高潮、结果的过程中概括小标题。其次，朗读课文，思考哪些部分可以进行创造性转述，如诱敌上山时群体与个体的英勇顽强，如五壮士跳下悬崖时的悲壮豪迈。最后，按故事的发展顺序练习转述。可见，抓住课后习题对文章的情节进行梳理，在引导学生发现、掌握谋篇布局特点的基础上进行复述或转述，能培养学生演说的整体性和现场演讲能力。

2.拓展运用，抓口语交际妙说

统编版语文教材六年级上册"口语交际：演讲"要求根据演讲的内容，拟定题目，写好演讲稿，演讲稿观点要鲜明，选择合适的材料说明观点，要有感染力，演讲稿写好后练习演讲。本次口语交际的要求之一就是要指导学生写演讲稿。精彩的演讲稿不仅有鲜明的针对性、生动的感染力，更能给学生提供研习的范本，让学生在积累语言的同时习得方法。

例如，苏教版语文教材五年级上册《陶校长的演讲》和六年级下册《学会合作》就是典型的演讲稿，在教学口语交际时让学生进行比较阅读，引领学生发现两篇演讲稿的表达特点。相同之处：两篇演讲都是开门见山地点出演讲话题，中间使用了设问的手法，结尾采用总结式的方法，这样可以引起听众的注意和思考，更能让听众清晰地领会演讲内容。不同之处：《陶校长的演讲》谈"四问"的结构类似，采用"问的什么—为什么要问—希望怎么办"的形式呈现，没有列举事例。《学会合作》在阐述怎样进行合作时，举了交响乐团演奏和逃生实验两个事例。演讲中是否要列举事例？这就要根据选择的材料来定，事例式表达能使抽象的道理具体化，增强感染力。了解了两种演讲稿的谋篇布局后，让学生选择一个话题撰写演讲稿后进行演说，其他学生提出意见和建议。于是有学生从视力、阅读、违纪、作业等方面提出"每天四问"，有学生举例谈健康与饮食。这样的演说活动立足于发展学生口语交际的语言艺术，也发展了学生倾听的能力，在丰富的实践体验中不断提升学生当众演说的语文能力。

参考文献

[1] 张达红.语文学科应关注推理能力的培养[J].教学与管理（小学版），2017（9）：25-27.

[2] 陈先云.统编小学语文教科书能力体系的构建[J].小学语文，2019（1）：4-11.

[3] 梁昌辉.基于文体特征教学演讲辞[J].语文教学通讯，2017（3C）：49-50.

（新北区西夏墅中心小学　张丽娟）

第二节　口语交际中演说能力培养的
实施路径

　　口语交际与识字、写字、阅读、习作、综合性学习是小学语文学科中的重要教学内容。但是，学生口语表达能力的培养在过去的教材编写中常常被忽视。作为培养学生核心素养过程中不可或缺的教学环节，最新的小学语文统编版教材对口语交际进行了全新的编写，口语交际的若干训练点，在各册教材中由浅入深、由易及难地分散体现。尤其是在编排的位置、话题的选择、交际的要求等方面彰显了口语交际的重要性。例如，低学段口语交际侧重交际的态度、习惯、礼仪和言语交际的表达内容，鼓励学生清楚地表达；中、高学段口语交际侧重交际技巧和交际者的倾听、讨论和应对，鼓励学生阐述想法、表达观点。这样，曾经被边缘化的口语交际以全新的面貌重新进入了我们的视野。

　　《课标》在课程的"总体目标与内容"中指出，学生应"具有日常口语交际的基本能力，学会倾听、表达与交流，初步学会运用口头语言文明地进行人际沟通和社会交往"。怎样才能切实优化口语交际的教学，从而提升学生的演说能力，是当前亟待解决的问题。笔者基于教学实践，认为可从以下三个方面进行探索。

1.创设交际情境，为演说输送动力

　　《课标》在"关于口语"交际教学中提出："教学活动主要应在具体的交际情境中进行，不宜采用大量讲授口语交际原则、要领的方式。"交际情境的创设，能给学生营造一个口语交际的训练场，让学生在宽松的交际氛围中敢于表达、乐于思考，从而激发学生的口语交际欲望。可以说，巧妙灵活的情境创设往往会启发学生迅速找到演说的思路，为学生有话可说提供助力，大大提高

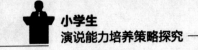
交际的实效性。

针对统编版语文教材四年级上册的"口语交际"教学，教师可采用如下方式："我们与环境"，教师可以借助多媒体的演示，呈现一些破坏环境的视频，在缓缓地讲述中激起学生的共鸣；"爱护眼睛，保护视力"，可以让班内近视的学生讲讲自己的苦恼，从问题情境出发，让交际话题变成实际急需解决的问题；"安慰"，教师可以从自己遇到的不顺心的事谈起，让学生不由自主地对老师进行安慰，交际话题就在自然中展开；"讲历史故事"，可以把学生带到一个相对舒适的环境，借助历史故事图片的演示和音乐的渲染，让学生在回忆中讲述，在沉浸中聆听。

2.纵深推进教学，让演说双向互动

《课标》提出："口语交际是听与说双方互动的过程。"并指明了"双向互动"是口语交际的主要特点。它的核心是"交际"，注重的是人与人之间的交流与沟通，强调交际者要认真倾听、准确表达，还要适时应对。纵观统编版语文教材四年级上册，其中交际方式多以对白为主。因此教者在教学过程中应聚焦话题，由浅入深地创设有层次的交际活动，就如搭建一个又一个台阶，让学生在实战演练中踩实每一个台阶，成功实现目标。

例如，"安慰"一课，书上提供了三个问题情境：当一个人自责时、难过时、伤心时都需要有人安慰。教学开始，可以再现第一个问题情境：小峰在接力赛中摔倒，他在责怪自己。假如你是小峰的同学，你会怎么安慰他呢？同桌进行演练，这是最初步的实践。接着指名一两对同桌展示演练成果，在评价中让学生逐步清楚安慰的技巧，即安慰者的语气要委婉动情，安慰时要多说鼓励的话，还可以设身处地地想想有什么好的建议。被安慰者要耐心聆听，试着调整自己的情绪。然后尝试运用刚才讨论出来的安慰技巧，同桌两人再次情境演练，这实际上是指导与点拨下的再实践，使学生在交际中熟悉安慰的技巧。进而安排其他三个问题情境：不想离开好朋友、手表弄丢、被同学冤枉，请同桌从难过、着急、委屈中选择一个进行模拟演练，组织评价，使学生面对不同的情况都能娴熟地进行安慰。这样纵深的教学活动，就是让学生在一个个情境中明确要求，在一层层的互动中多次提升。

3.整合课程资源，使演说无处不在

口语交际教学主要借助创设模拟交际的情境对学生的演说能力进行培养，

这也意味着语文教师在实际教学中应当借助相应的话题情境展开口语教学，这样不仅可以培养学生的演说能力，还能让学生在实际生活中自如运用这些交际能力，提升口语交际的素养。

在统编版语文教材四年级上册中，口语交际的话题主要包括两个讨论类、一个劝说类、一个讲述类。这四个话题都是根据小学生的生活实际、心理特征和年龄特点等精心设计的，但对小学生口语交际水平发展的需要还不能有效满足。因此，教师要适当拓展交际话题情境，以此达到优化和提升学生演说能力的目的。例如，学完"我们与环境"，可以抓住"环境"这个关键词让学生交流如何节约资源，保护家园；学完"讲历史故事"，可以开展"讲神话故事""讲寓言故事"的拓展交际活动；学完"爱护眼睛，保护视力"，可以拓展"爱护公物，保护财产"的交际活动，以此提升学生的演说能力。

温儒敏教授在《部编本（初中）语文教材使用的几点建议》中指出："'部编本'语文教材将'语文素养'的各种基本'因素'，包括基本的语文知识、必需的语文能力、适当的学习策略和学习习惯，以及写作、口语训练等等，分成若干个知识或能力训练的点，由浅入深，由易及难，分布并体现在各个单元的课文导引或习题设计之中。"仔细研读统编版语文教材四年级上册，发现除了四个口语交际的专题训练外，还有一些口语交际的资源散落在课文中。如《观潮》课后习题："说说课文是按照什么顺序描写钱塘江大潮的，你的头脑中浮现出怎样的画面，选择印象最深的和同学交流。"第七单元"语文园地"中出示两个情境："小明在公共场合乱丢垃圾，还说反正有清洁工打扫，你提醒他说……""过生日，你收到了梦寐以求的礼物，你有点儿不敢相信地说……""快乐读书吧"中的"小贴士"："远古时候人们认为神话故事是真实而神圣的，一定要在严肃的仪式上郑重地讲出来。"这些都可以成为口语交际教学可利用的资源。

整合课程资源，意味着教师可以从生活中寻找交际的话题，还可以从文本中采撷交际的话题，经过教师教学中有意识的训练，学生将学到的交际习惯、交际礼仪、表达应对能力等迁移到实际生活的交往中去，从而形成自己终身受用的素养。可见，整合课程资源可以使言说无时不有、无处不在。

总之，口语交际与阅读、习作一样，作为独立的教学板块，是培养学生语文学科素养的一个重要载体。语文教师要将其放在重要的位置，采取科学的教

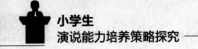

学手段，创建高效的口语交际教学课堂。

参考文献

［1］孙秀兰.统编本小学语文教材如何优化口语交际教学［J］.中小学教材
教学，2017（11）：13-16.

［2］朱晓华，施茂枝.让口语交际课摆脱"三无"之困［J］.语文建设，
2017（2）：15-18.

（新北区西夏墅中心小学　张丽娟）

第三节 综合性学习中演说能力培养的
实施路径

　　长期以来，演说能力的培养常常被边缘化，学生课外阅读量逐渐增多，可是在说和写方面很难进步，甚至怕说怕写，表达能力的提升成了一个难题。

　　结合"小学生演说能力培养策略研究"这个省级课题，笔者利用身边的资源带领学生开展综合性学习，创设一定的情境，让学生根据话题进行演说，在有目的、有计划、有组织的引导下，让学生在不自觉中分析语言材料，综合各类信息，重组表达内容，输出个性语言，以实现自我表达。

一、创设多样情境，让学生"乐说"

　　《课标》指出："口语交际是听与说双方的互动过程。教学活动主要应在具体的交际情境中进行，不宜采用大量讲授口语交际原则、要领的方式。应努力选择贴近生活的话题，采用灵活的形式组织教学。"因此，在演说课堂上应为学生巧妙地创设交际情境，把多媒体和实际生活引入课堂，让学生在虚拟情境和生活体验中萌发演说的欲望，在适切的语言环境中进行演说，触发表达的内驱力，生成心与心的碰撞。

1.借助媒体，再现情境

　　苏霍姆林斯基说："儿童是用表象、色彩、声音来思维的。"所以图片、视频、音乐等现代信息技术，能将抽象的知识形象化、具体化，达到声画交融，给学生创设表达的氛围，加强语言信息刺激，引发学生思维的欲望，帮助学生在演说时快速再现情境。例如，演说"快乐的假期"，笔者把学生们假期出游的照片做成小视频，图片、音乐加上教师深情的导入："世界那么大，我

55

想去看看。瞧，同学们在假期走进大自然，饱览美丽的山水风光；走进名城古镇，感受深厚的历史文化；走进活动现场，体验不同的生活滋味……"在声与画的渲染下，学生记忆的闸门一下子打开，迫不及待地想与大家分享假期生活。又如，演说"我喜欢的一首歌"，笔者通过前期调查了解到学生喜欢的一些歌曲，课上播放了部分歌曲的片段，学生们顿时嗨翻，争先恐后上台讲述，有的先唱后说，有的先说后唱，把自己对歌曲的喜爱诠释得精彩至极。再如，演说"推荐一本书"，笔者把学生最近读过的书、做的读书卡和读书摘抄用图片展现出来，大家立刻议论纷纷，兴趣被点燃，有的学生激情四溢地演说，有的学生娓娓道来地表达，有的学生台上台下互动交流。

2.结合生活，进入情境

小学生的生活是丰富多彩的，无论是学校的、家庭的还是社会的。教师可以因地制宜，结合学生的生活情境，从学校生活、家庭生活、社会生活中选择直观、形象、贴近生活的演说话题，使学生有兴趣投入口头表达的训练中。例如，开学初演说"班里来了一位新老师"，先引导学生在一周内仔细观察班里新来教音乐的杨老师，然后课上用几个学生感兴趣的问题导入：本学期我们换了音乐老师，你们觉得怎么样？杨老师上的音乐课你们喜欢吗？杨老师有什么地方给你留下了深刻印象呢？这几个问题立刻勾起了学生的生活感受，有的学生讲述音乐老师课堂上的幽默风趣，有的学生夸赞音乐老师嘹亮的歌喉，还有的学生讲第一次听男音乐老师上课的兴奋，这节演说课进展得热烈而顺利。"大白鹅能不能套"这个演说话题来自社会生活，学生在赶集时发现，在套圈圈游戏中，出现了套活生生的大白鹅的游戏，大家对这一现象议论纷纷，于是笔者出示了这个有争议的话题，学生们结合自己的体验或见闻表达了想法。有的认为大白鹅不能套，因为它们也是生物大家庭的一员，不应该成为人类的玩具和美食；有的认为大白鹅可以套，因为自然界的生物也是适者生存，这群大白鹅也是这个道理。笔者惊喜地发现，来自生活中的话题不仅能激起学生内心的感悟，还能引导他们学会正确地看待社会现象。

二、创生教学形式，让学生"会说"

在查阅文献资料后笔者发现，目前有关演说教学策略研究的资料很少，于是笔者从演说能力培养目标出发，在教学实践中创生了以下几种演说教学的形式，让学生在真实情境中有机会说，在整合拓展中有目的地说，在复杂条件下有条理地说，在同伴互助中有创意地说。

1.引入生活素材，让学生在真实情境中有机会说

家庭恐怕是孩子说话最多、最自由的场所，但大多数家长任其自然生长，很少有家长有意识地训练孩子的表达能力，所以造成许多孩子不敢说、不会说。例如，许多家庭中爸爸都爱吸烟，而怎么劝说爸爸不要吸烟呢？笔者在"劝戒烟"这节演说课中，就把生活中吸烟这个普遍现象引入课堂。刚开始学生只会从吸烟有害健康方面用几句话来劝说。于是笔者让学生阅读了吸烟有害的三段资料，再回忆平时自己在烟雾缭绕中的感受，提示学生可以从吸烟对吸烟者有害、对旁人有害、对环境有害三个方面来劝说，这下学生的表达具体流畅了很多。但是劝说的内容太过于机械，也就是在劝说中没有融入自己的真情实感，这样的劝说是不会打动吸烟者的。于是笔者让同学们讨论：如何从关心、爱护的角度晓之以理、动之以情地劝说呢？小俞同学说可以从妈妈每天早晨咳嗽说起，因为他妈妈平时抽烟，所以每天早晨都会咳出很多痰。小刘同学说可以从她自己得了过敏性咳嗽说起，她只要一闻到烟味就咳嗽不止。小巢同学说可以从她的一个亲戚说起，亲戚因长期吸烟得了肺癌……这下学生的思路打开了，联系生活实际，这样的表达既诚恳又生动，从心灵深处触动着吸烟者。

2.拓展课外资料，让学生在整合拓展中有目的地说

在学完《走，我们一起去植树》后，笔者让学生选择自己喜爱的一种树木做一张树木名片，准备演说。第二天语文课上，学生把树木名片呈现在大屏幕上开始演说。小陈同学的演说《桑树》脱颖而出，被评为"最佳演说者"。原来她不是把收集到的资料全部照抄，而是进行了加工处理，选取了自己需要的通俗易懂的资料，然后用第一人称的写法向大家生动地介绍桑树的外形、特征、用途等。这个优秀的演说稿立刻成了范本，笔者当场引导学生点评，围绕如何有效利用资料进行讨论。学生在讨论中清楚了如何选取有用的资料，如何有顺序地介绍自己的树木名片。第三天语文课上，学生准备了各种各样的自述，开始进入树的王国。小祁同学在述说旅行家树时，以故事的方式讲述树的作用，让大家豁然开朗；小刘同学对桃树的自述完整，把开花、长叶、结果描述得形象生动；小陈同学在上次的基础上进行了补充，在桑树的自述中加入了侧面描写，把孩子们爬树摘果、嘴馋贪吃的形象描述得淋漓尽致……每一次成功的演说，都离不开演讲稿件的精彩。从树的名片到树的自述，笔者带着学生学习如何加工处理资料，在一次次的思维碰撞中，学生的信息整合能力得到了提升。

3.巧借思维导图，让学生在复杂条件下有条理地说

思维导图具有点、线、面、图、彩的特点，是可视化的思维工具，能让隐性思维显性化。在演说中使用思维导图，能有条理地梳理演说的素材，完成构思，利于学生将复杂的演说内容可视化、简单化，从而培养学生的逻辑思维能力，促进他们的主动学习和自我成长。

班里有位叫小言的女同学，在演说"手机的利与弊"时，面对利与弊的众多素材无所适从。于是笔者引导她画了一张思维导图，该学生脑洞大开，散乱的素材一下子变得条理分明。在思维导图的帮助下，她的演说有了清晰的思路，言语表达流畅自然。

4.小组合作讨论，让学生在同伴互助中有创意地说

小组合作讨论的学习方式不仅可以充分发挥学生的学习主动性、自主性、创新性，同时也可以有效培养学生的应对能力。在演说教学中，采用小组合作讨论方式，既能训练听者现场进行评价，又能训练演者当场听取意见后及时调整，在合作探讨的过程中，学生应对能力的发展慢慢显现出来。

例如，演说"我的旅游见闻"，小祁同学精心准备了《我的旅游日记》PPT，演说时借助一张张图片把自己去张家界12天的自驾游经历说得很详细。在小组点评环节，学生们从演说的内容、语言、体态三个方面进行评价，生成了许多智慧的火花。

生1：我觉得小祁的演说太精彩了，他在讲台上自信大方，如果能做几个自然的动作就更好了。

生2：我也赞同刚才同学的点评。只是我觉得他讲的内容太多了，主题不够鲜明，我建议可以选择其中一至两个精彩的景点进行详细的介绍。

生3：我也是这样认为的，我觉得他的演讲可以选择张家界的天门山和玻璃桥两个景点来介绍，在介绍的时候能讲出自己走玻璃桥的心情会更生动。

师：以上两位同学一下子抓住了小祁演说内容上存在的不足，建议他紧扣主题"惊险"，抓住天门山和玻璃桥来讲述，那么演说的内容会更有条理。

生4：我给小祁提个小建议，我觉得在讲述时可以用一些修辞手法，如走玻

璃桥时的胆战心惊、天门山的高耸入云，都可以用上修辞手法生动地描写。

师：这位同学从语言上提出了建议，说明她不仅听得认真，而且善于思考，真好！我相信小祁同学听了大家的建议，回家会进一步修改自己的演说稿，让你的演说更加精彩！

通过这个环节的点评，学生已经真正进入了演说的内在，不再停留在表面形式上，而是一语中的，真正抓住了演说的精髓，从体态、内容、语言上进行关注。演说是演说者与听众共鸣的过程，在这个过程中，听众的应变能力有了提升，更为演说者带来了更多的促进作用。

总之，演说是一种符合学生年龄特征的切实有效的教学手段。在综合性学习中培养小学生的演说能力是一个长期的学习、实践、积累的过程，需要教师在实践中不断探索、坚持训练，朝着学生能说会道的目标前行。

参考文献

孙秀兰. 统编本小学语文教材如何优化口语交际教学［J］. 中小学教材教学，2017（11）：13–16.

（新北区西夏墅中心小学　张丽娟）

第五章

小学演说课程的整体构建与实践

第一节　小学演说课程的整体构建

一、课程缘起

多年从事语文教学，笔者发现口语表达一直是困扰农村学生的难题，教师也想了很多办法，进行了一定的研究，可收效甚微。《课标》提出："口语交际能力是现代公民必备的能力。应培养学生倾听、表达和应对的能力，使学生具有文明和谐地进行人际交流的素养。"《课标》中对口语交际的目标与内容定位有一个循序渐进、螺旋上升的过程。口语表达已经成为时代对人们语文素养提出的必然要求。

1.对本校学生演说现状的调查分析

目前我校学生的听、说、读、写能力中，最薄弱的要数说的能力，学生没有良好的表达习惯，不能用口语自信、清楚、有条理地表达自己的想法，不能借助"演"的方式生动地表达，不善于与他人沟通和交流情感的现象普遍存在。笔者认为影响小学生演说能力的因素有如下三个方面：一是环境因素，二是教师因素，三是评价体系。为了摸清小学生演说能力的现状，对我校不同层次教师的课以及班级学生的演说现状进行了观察，并对全校语文教师和学生进行了问卷调查。调查结果能够折射出教师对演说能力培养的重视程度和学生演说能力发展的现状，同时也能反映出教师教学行为及学生演说方面存在的问题。

2.国内外演说研究述评

（1）国外研究概况

英国的口语表达教学强调在自然环境下进行，教师设置与生活实际相类似的情境和活动。美国注重实效性，培养自信，训练思维。德国有通用的教科书以及说话训练的辅助教材，这为演说课程的实施提供了很好的路径参考。日本注重口语表达时的礼貌、尊重，引导学生树立理解与礼貌意识，培养他们在尊重对方立场的前提下进行语言交际。韩国对口语表达能力的培养细致入微、面面俱到，涉及说的本质、说的原理、说的态度，还特设了一种名为"话法"的详细说明。这对于演说课程的实施有着框架性的参考意义。

（2）国内研究综述

在我国，口语表达是语文教育内容不断变革的产物。随着社会对人才的要求越来越严格，全国学界对口语教学的理论研究进入了比较活跃的阶段，很多学者在说话能力的结构和说话教学的原则、方法、途径、手段及评价等方面进行了深入探讨。这对演说教学的研究有着重大的借鉴价值。

演说评价近两年有所涉及，但是尚未形成可以借鉴和实践的评价体系。从横向、纵向对各学段演说能级要求的培养目标以及内容方法等还缺乏充分的理论支撑。演说课程的实施策略、演说技巧的细化指导策略还未形成。

3.国内外研究成果对本研究的启示

国内外关于口语交际的研究可谓卷帙浩繁，对演说课程的研究有着重要的借鉴意义。①演说应关注道德性；②要制定明确具体的情意目标；③演说的话题要立足学生生活；④演说的形式层次化、多样化。目前来看，国内外关于学生演说能力的直接研究还是比较缺乏的。国内虽有所涉及，但这是一个全新领域，研究成果寥寥无几，且基本局限在具体课程操作上，鲜有系统化的理论支撑。

鉴于此，我们主张小学语文教学中要重视学生演说能力的培养，并申报了"小学生演说能力培养策略研究"的省级课题，在课堂教学中边研究，边实践，旨在提高农村小学学生演说能力。

二、课程设计

1.课程结构

小学演说课程是以激发学生演说欲望，培养学生学会分享、善于对话、自信演说及敢于辩论为目标的语文课程。它既包括演说理念下的语文课，也包括单独设置的选修课程；既包括环境课程，也包括活动课程。

在高质量实施国家语文课程的基础上，通过对语文关键能力的梳理及学科育人价值的再开发，学校语文学科以"每个孩子都是能说会道的星星"为育人目标，落实学会分享、善于对话、自信演说及敢于辩论四大关键目标，共同培养"表达""感悟""交往""思辨"的核心素养，形成有序列的课程结构。

核心课程包括基础类课程、拓展类课程及活动类课程。其中，基础类课程包括语文（阅读教学、口语交际教学、课外阅读）及班会、队会；拓展类课程为选修课，即选修小小演说家（一年级：小小朗读者；二年级：故事小达人；三年级：相约星期三；四年级：超级访问团；五年级：青藤小讲坛；六年级：最佳小辩手）；活动类课程即快乐读书（青藤读书节、青藤午读会、课前三分钟、青藤小广播、青藤大舞台、演说来考级、青藤讲解员）（图5-1）。

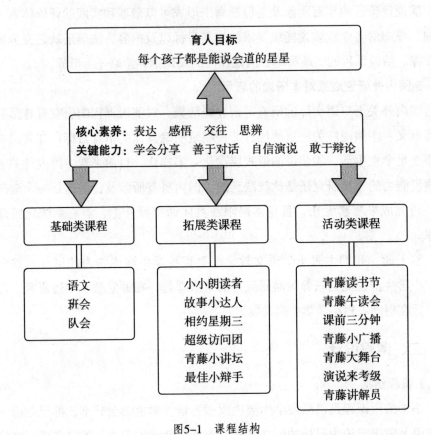

图5-1　课程结构

2.课程目标（表5-1）

表5-1 西夏墅中心小学演说课程年段目标

年段	总目标	分目标
一年级	能连贯地口述一段话；能清楚明白地叙述故事；能大方地表达；能口齿清晰、声音响亮、当众表达意见	（1）坚持说普通话，养成说普通话的习惯 （2）说话口齿清楚、发音正确、声音响亮、神态自然 （3）能用自然的态度说话 （4）能简单介绍自己 （5）在看图或观察事物后，能以完整语句简要说明其内容 （6）能用句式连贯地讲述一个简单的故事 （7）听故事后，能用自己的话大致复述故事内容
二年级		（1）能清楚明白地叙述故事 （2）能展开想象，较完整、较生动地看图讲故事 （3）听故事、看音像作品后，能用自己的话连贯地复述故事内容 （4）能用句式有条理地讲述自己感兴趣的见闻 （5）与别人交谈态度自然大方，有礼貌，有表达的自信心 （6）说话时能保持适当的速度与音量
三年级	能把握说话重点，不偏离主题，并能较具体生动地表达；能自信地表达；能运用适当的面部表情、简单的肢体语言来辅助表达思想感情	（1）能根据主题表达意见，发言不偏离主题 （2）能先想然后再说，有礼貌地表达 （3）能根据演说内容运用适当的面部表情辅助表达 （4）能运用适当的句群，围绕中心，较具体地表达
四年级		（1）能运用适当的句群，围绕中心，具体而生动地表达想法、讲述见闻 （2）先写后说，用词正确，语意清晰，内容具体，主题明确 （3）根据演说内容，运用简单的肢体语言，表情达意
五年级	能善用语言有条理地完整而优美地表情达意；较熟练地脱稿演说或即兴发言；运用适当的语气、语调、语音表情达意	（1）能运用一定的技巧，写好演讲稿 （2）能将听到的内容说出来 （3）表达有条理，语气、语调适当，能依语气需要，调整说话速度 （4）掌握一定的方法，学会脱稿演讲
六年级		（1）能运用一定的技巧，写好精彩的演讲稿 （2）能根据对象和场合，稍做准备，做简单的发言 （3）能注意抑扬顿挫，使表达更动听、更感人 （4）能根据所见所闻，发表自己的感受和想法

3.环境创设

最新脑科学研究表明，认知依赖于身体，而身体又是嵌入环境的。呵护儿童爱说的天性，激发儿童演说的潜能，开发学校环境教育资源，促进儿童的发展。学校主要构建"一台、二廊、三馆、四园":"一台"指青藤大舞台;"二廊"指大作家长廊、青藤娃长廊;"三馆"指农耕展示馆、校史励志馆、丽江图书馆;"四园"指怡趣生肖园、怡乐种植园、怡情阅读园、怡志青藤园(图5-2)。

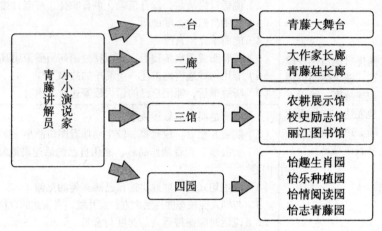

图5-2 学校环境创设图

三、演说实施

1.课时设置

为有效落实语文演说课程,课内演说课分每周二下午专门设置的一节演说课以及每周三下午的一节演说选修课,此外,班会、晨读、午读、课前三分钟等都相机渗透演说。

2.课程内容(图5-3)

图5-3 课程内容

3.课内与课外结合

在演说具体实施过程中，我们主要以课内与课外相结合的方式进行。课内主要指课内教学活动，课外主要以活动为主。

阅读教学活动是师生、生生双向互动的过程，也是演说互动的过程。从阅读教学中汲取演说能量，根据年段特点，采用丰富词句、分析段落、关注篇章层层递进的方法，以期提升学生的演说能力。例如，迁移运用，借相似结构演说。统编版语文教材五年级上册《陶校长的演讲》是篇典型的演讲稿，在阅读教学中先指导学生把握这篇演讲的要点与层次：先开门见山提出演讲的中心议题——谈"每天四问"，再分别要求学生从健康、学问、工作、道德四个方面问问自己有没有进步，其中"四问"的结构类似，采用"问的什么—为什么要问—希望怎么办"的形式呈现，最后再次强调养成"每天四问"习惯的重要性。在对演讲的谋篇布局梳理后，还要引导学生体悟陶校长演讲的表达特点：开头点出演讲的话题；中间使用了设问的手法，设问可以引起听众的思考和注意，同时在每个问题中设有列举事例；结尾采用总结式的方法。在这样分析后，我们设计了这样的拓展活动：每个人以老师的身份发表一篇演说，演说的主题是"每天四问"，演说的结构采用《陶校长的演讲》的结构。于是演说者从视力、阅读、违纪、作业等方面提出"四问"，听众边听边回应。这样的演说不仅给听众带来了触动，更让演说者有种代入感、现场感，明白了为何而讲、为谁而讲。

从演说能力培养目标出发，在教学实践中创生了以下几种演说教学的形式：①引入生活素材，培养表达能力；②拓展课外资料，培养信息整合能力；③巧借思维导图，培养逻辑思维能力；④小组合作讨论，培养应变能力。例如，上统编版语文教材六年级下册演说课《明天，我们毕业》，学生们四人小组合作轮流演说，一个人说完后，大家从态度、内容、语言、体态四个方面对演说者进行评价，在相互讨论中演说者听取意见及时调整，最后从小组中推选出最优秀的人选参加全班的演说比赛。在短时间的小组合作讨论中，小组成员需要评价、删选、修改、调整，较好地培养了每个成员的应变能力。当选拔出的选手参与全班演说比赛时，组内成员是紧张而激动的，因为这是他们共同的智慧。

课外在快乐读书中汲取演说的能量。青藤读书节、青藤午读会、课前三分钟、青藤小广播、青藤大舞台、演说来考级、青藤讲解员，为学生搭建演说平台。例如，"浸润书香幸福成长"读书节活动，我们邀请著名作家秦文君来校讲座，并与学生面对面交流；周二至周五每天利用中午午读10分钟时间，开展"为你诵读"青藤广播活动；每个班级的每一面墙都像一本丰富多彩的书，展示学生们主题式阅读的收获；年级组比赛活动更是精彩纷呈，一年级——绘本故事我来讲，二年级——绘本故事我来编，三年级——读后感受我分享，四年级——亲近人物品书香，五年级——水浒英雄我来敬，六年级——好书故事我辩论。最后根据各班读书节活动中的表现综合打分，评选出13个"书香班级"进行表彰。腹有诗书气自华，最是书香能致远。读书节见证了师生阅读的生长，见证了他们演说的生长。

四、课程评价

学校根据学生的年龄特征、智能差异以及学习水平，设计了丰富的演说评价活动方式，包括日常性评价及考级性评价。

日常性评价以演说存折积攒演说币方式进行。每月"3+1"的演说模式，保证每个学生每月有3次组内演说、1次班内演说的机会。组内或班内演说1次得一枚演说币，优秀再加一枚演说币。根据相应个数转换为演说成绩（表5-2）。

表5-2   "小小演说家"考级指标

名称	星级	考级评价标准	
小小演说家	一级	能连贯地口述一段话，能清楚明白地叙述故事，能大方地表达，能口齿清晰、声音响亮、当众表达意见	由学生自主选择，并申报某一星级进行考级，考级后颁发（ ）级"小小演说家"称号
	二级	能把握说话重点，不偏离主题，并能较具体生动地表达语言；能自信地表达；能运用适当的面部表情、简单的肢体语言来辅助表达思想感情	
	三级	能善用语言有条理地完整而优美地表情达意；能较熟练地脱稿演说或即兴发言；能运用适当的语气、语调、语音表情达意	

考级性评价主要是学期末，学生根据自身的演说水平自主申报相应的星级

接受考评，通过考级后颁发相应等级的"小小演说家"称号。

五、课程实效

西夏墅中心小学自2016年起实施演说课程，经过5年多的探索与实践，取得了丰硕的成果。

1.学生快乐演说，健康成长

演说课程滋养了西小学子的品格，培育了学生乐观的心态、四射的活力、张扬的个性、自信的心理。演说实践在学生身上得到了很好的诠释。一个个学生登上班级舞台、学校舞台、省市区比赛舞台展示自我演说才能；一篇篇演说稿发表于《现代快报》《常州晚报》等省市级刊物，甚至获奖。学生在演说中收获快乐、健康成长。

2.开展课题研究，聚焦演说

2017年起学校申报了演说课程的一个课题"小学生演说能力培养策略研究"，2018年正式立项为省级课题。课题组成员聚焦演说，立足学生演说能力的提升开展研究，积极撰写研究心得，形成论文，发表或获奖。

3.学校品牌提升，一路收获

学校课程在区课程风采展示中重点介绍了演说课程，给区内其他学校的领导留下了深刻印象。区语文教研计划中把西小演说课程作为重点课程进行推广学习。在市、区课堂教学调研中，语文课堂中的演说特质也得到了专家的频频点赞。"演说"逐渐成为学校语文课程的品牌与特色，不仅深化了学校课程改革，丰富了学校文化内涵，还让学生在课程实施中体验到了快乐，促进了语文教师的专业发展，促进了学校的发展。

小学演说课程是基于学生言语素养生长的语文特色课程。从课程目标的整体序列性、课程内容的丰富且聚焦性、课程结构的生长性、课程实施的丰富性以及课程评价的多元性等方面践行教育教学的变革，让"演说"成为学校一道亮丽的风景线，让学生尽享演说的乐趣，为学生的终身发展铺设向上之路。

（新北区西夏墅中心小学　张丽娟）

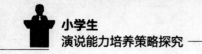

第二节　小学演说教材的系统创编

一年级

第1课　我的一家

【小讲堂】

小朋友们，你家有谁呢？有爱你们的爷爷、奶奶、外公、外婆、爸爸、妈妈……我们每个人都有一个幸福的家（板书：家）。在这充满温暖的家里，有着我们美好的回忆。那么，你们想不想把你们的家人介绍给大家认识？这节课就让我们一起说说"我的一家"。

【样板间】

大家好，我是（　　　　）。我家住在（　　　　　　　　）。我家有爸爸、妈妈和我。我爸爸是一位老师，喜欢看书，经常陪我打球。我妈妈是一名医生，她很忙，总是在医院加班，每天很晚才回家。他们爱我，我也很爱他们。

【点评吧】

听（　　　　　）同学的介绍，你知道了他家的哪些情况？根据学生回答，相机板书：住址、家人、工作、感情。

【操练场】

同学们，你们的家人把他们无私的爱给予了你们，使你们幸福快乐地成长。谁来给大家讲一讲自己的家？指名学生一个问题一个问题练说。将四个问题连起来练说。

说话要求：能从表现大方、声音响亮、语句完整通顺方面进行介绍。希望大家能认真倾听、积极点评。

设立说话奖项：大大方方奖、声音响亮奖、完整通顺奖。

设立善于倾听星级：倾听时眼睛紧盯对方、能说出对方演讲的优点、能提出修改建议。

【资料库】

我叫×明。我家里有爸爸、妈妈和我。爸爸是一名中学语文教师，他总是很忙碌，每天早出晚归。妈妈是一名售货员，说话很温柔，每天晚上陪着我学习。我喜欢画画、看书。我很喜欢自己的家。

我家有四口人。有爸爸、妈妈、哥哥和我。爸爸忙着挣钱，给我买好吃的。妈妈给我们做饭，收拾房间，接送我们上下学，还领我们去书店看书。爸爸妈妈每天都很辛苦。哥哥是一名四年级学生，他常常教我唱歌，常常给我讲故事，他也很爱我。我爱我家的每一个人。

我叫××和，我有一个温暖的家。在这个家里，有疼爱我的有趣的爸爸、对我严格要求的妈妈。爸爸妈妈上班很忙、很辛苦，但每天回家后，爸爸会在厨房为我做可口的饭菜，妈妈会在书桌旁陪着我写作业。每到周末，我们都会上爷爷奶奶家吃一顿团圆饭。爷爷、奶奶会把好吃的留给我。我爱我的家，更希望每一个家人平安幸福！

第2课 我爱吃的水果

【小讲堂】

小朋友，你喜欢吃什么水果？你总是在什么时候吃水果？我们的生活，处处离不开水果。当我们走进水果店、超市，架子上摆满了水果，它们形状不一、颜色鲜艳、味道酸酸甜甜，让我们眼睛都看花了，馋得直流口水。今天我们来聊聊我们喜欢的水果吧。

【样板间】

我最爱吃的水果是苹果。苹果又大又圆，穿着红色的外衣，像一个个小灯笼。它的味道酸酸甜甜的，吃起来脆脆的。

【点评吧】

介绍水果按"名称—样子—颜色—味道"来说，即按从外到内的顺序说说水果的特征。

【操练场】

水果展示台：学生上台，边展示水果边介绍。台下的学生根据其介绍进行评价或质疑，做到有说、有评、有问、有答。学生当评委，教师给予引导，提出比赛规则，评一评谁说得最好。评选出一两种最受欢迎的水果。

【资料库】

橘子圆圆的，身穿橘黄色的外衣。剥开外皮，一股香气迎面扑来，我看到八九个小小黄色的橘子瓣，它们像兄弟一样亲亲热热地抱在一起，正在做着香甜的美梦呢。

我最爱吃的水果是火龙果。火龙果宝宝披着一件紫红色的外衣，就像一团熊熊燃烧的火焰。火龙果是椭圆形的，轻轻地凑近闻一下，它会散发出一股淡淡的清香。剥开外面鲜艳的果皮，火龙果就露出了白白嫩嫩的身子，上面还嵌着一粒粒黑黑的像芝麻一样的小籽儿。我用勺子挖了一口尝尝，感觉酸酸甜甜的，非常好吃。

在那又大又绿的葡萄叶下，挂着一串串晶莹的葡萄，紫红色的、碧绿色的，圆圆的，好像一颗颗不同颜色的宝石。轻轻扒开葡萄皮，半透明的果肉看上去像水晶，使人口水直流。迫不及待地吃了一个，香甜可口的汁水一下子溢满口腔，那甜丝丝的味道让人回味无穷。

第 3 课　堆雪人

【小讲堂】

小朋友们，寒冬腊月，大雪纷飞，地上盖了一层厚厚的积雪。在雪地里，你玩过什么？请打开回忆的闸门，说一说自己玩过的趣事，注意要把话说通顺连贯。

【样板间】

冬天到了，雪花纷飞，树上、屋子上、大地上一片银白。同学们在雪地里快乐地玩耍。他们用黑煤球当眼睛，胡萝卜做鼻子，小旗子做手臂，水桶当帽子。可爱的雪人做成啦，它站在雪地里嘻嘻地笑着。

说话要求：

第一句：天气、环境。

例1：冬天，雪花纷飞，到处一片银白。

例2：下雪啦，下雪啦！树上、房子上、大地上一片银白。

第二句：谁在什么地方干什么？

例：同学们在雪地里快乐地玩耍。

第三句：怎么干的？

例：几个小朋友在堆雪人，他们用黑煤球当眼睛，胡萝卜做鼻子，小旗子做手臂，水桶当帽子。胖胖的雪人多么可爱呀！

第四句：写出感受。

例1：看着可爱的雪人，同学们脸上露出了笑容。

例2：同学们的心里乐滋滋的。

例3：天气虽冷，可同学们一点也不觉得冷，他们干得高兴了！

【点评吧】

编故事的三个基本要求：①看得清（清清楚楚）；②想得妙（联系画面，与众不同）；③说得通（语句通顺）。

【操练场】

想象与说话：请你展开想象的翅膀，想一想，你和小伙伴（或亲人）在堆雪人时，做了什么？说了什么？把你们做的事情和说的话连起来说一说。

（1）同桌练习，一人一个角色说（说清：动作表情，语句通顺），对同桌提提建议，再说一说。

（2）指名说（听清：动作表情，语句通顺），全班学生点评。

【资料库】

今天，天空下起了大雪。小伙伴们一起堆雪人，四个小伙伴先在松软的雪地上滚雪团。他们把一个一个的大雪团堆在一起。不一会儿，雪人的身子就堆成了。小明抱着一个又圆又大的雪球，放在快要堆好的雪人身子上。小红从兜里掏出一根胡萝卜和两串冰糖葫芦，胡萝卜当雪人的鼻子，两串冰糖葫芦当雪人的手。东东把一个红桶扣到雪人头上做帽子，我们的雪人堆好了。大家看了都开心地笑了！

昨天晚上，整整下了一夜的雪。天亮了，雪停了，雪地上成了小朋友们的游乐场。瞧，小明和红红正在玩堆雪人。小明先堆了一个大雪球当雪人的身子，再堆一个小雪球当雪人的头。红红找来了围巾、帽子、扫把，还有一串糖葫芦，把雪人打扮了一番。远远看去，小雪人正挺着大肚子笑呢，真是可爱极了！

第4课　春天来了

【小讲堂】

春姑娘轻轻吹了一口气，春天就悄悄地来了！春天是个顽皮的娃娃，她和我们捉迷藏呢。小朋友们，春天是个美丽的季节，你们看到了什么呢？

【样板间】

说话指导：

（1）天空中有什么？

（　　　　）露出了笑脸，（　　　　）在蓝天上自由地（　　　　）。

（2）小河边有什么？（先看看近处，再看看远处都有什么）

春天来了，柳树（　　　　），像（　　　　）。（　　　　）开了，（　　　　）也开了。小草（　　　　）。小朋友在（　　　　），欣赏美丽的春光。

（3）小河里有什么？

（　　　　）在水里快活地游来游去。

（4）用一句话来赞美一下春天。春天真美呀！

指导将整个内容连起来说，可发挥想象说图中没有的景物。

示例：

春天来了，太阳露出了笑脸，小燕子在天空中飞来飞去。柳树发芽了，像长长的头发。桃花开了，迎春花也开了。小朋友在小河边跑来跑去，欣赏美丽的春光。鱼儿在水里快活地游来游去。春天真美呀！

【点评吧】

要想把春天的景物都有什么说全了，不能一会儿说这，一会儿说那，要按一定的顺序来说。按什么顺序呢？可以按从上到下、从近到远、从左到右的方位顺序来说。

【操练场】

春天有这么多的景物，把你最喜欢的景物找出来，把它的美丽、可爱，说给大家听听。建议可以调动小朋友自己的眼、鼻、耳、手，来说一说看到了什么，闻到了什么，听到了什么，触摸到了什么。

【资料库】

春天来了，小草从地里钻出来了，一片绿油油的。柳树也换上了嫩绿的新衣裳。

燕子飞回来了，在屋檐下叽叽地叫着，在晴朗的天空下欢快地飞着，忙着给它们的孩子做窝呢！

油菜花开了，田野里成了金黄色的海洋。醉人的花香吸引了很多漂亮的大蝴蝶，它们在花丛中追逐嬉戏，一会儿飞到东，一会儿飞到西。我爱美丽的春天。

春天来了，春天来了！河水解冻了，柳树发芽了，小草露出了头，花儿露出了笑脸，小朋友们脱下棉袄，换上了春装。

老师带着小朋友们去春游，"嗡嗡嗡，嗡嗡嗡……"咦，哪儿发出的声音呀？原来是小蜜蜂，它正在采花蜜呢！春天可真美呀！

春天来了，冰雪融化了，小草偷偷地从土里钻出来了。小树发芽了，花儿悄悄地开了。小燕子从南方飞回来了，小青蛙在池塘边歌唱。

春天来了！让我们一起快乐地走进美丽的春天吧！

第5课　我爱玩的游戏

【小讲堂】

在游戏王国里，有许多好玩的游戏，请小朋友们一起乘坐着游戏王国的小火车，到游戏王国去玩玩吧！

【样板间】

分步指导：

（1）谁能用这个句式说说游戏王国的小朋友在玩什么游戏？

出示句式说一说：雪地里的小朋友有的在＿＿＿，有的在＿＿＿，有的在＿＿＿，有的在＿＿＿，还有的在＿＿＿，……他们玩得可开心了！

（2）小朋友，你们玩过哪些游戏？快和同组的小朋友说说你玩过的游戏吧。（先小组自由交流，然后全班交流）

（3）自由交流，小朋友们可以互相补充，选出最佳游戏能手。

【点评吧】

我们向别人介绍自己喜欢的一种游戏，首先要说清游戏的名称，还要说清游戏的玩法，把游戏前的准备、游戏的过程和游戏的规则介绍清楚。

【操练场】

师生共玩游戏"蒙眼贴鼻子"。

教师示范说话，学生评说。

我最爱玩的游戏是贴鼻子。这个游戏可有意思了！老师在黑板上贴了一个小丑。这个小丑却没有鼻子，正等着同学们给他贴鼻子呢！有位同学蒙着双眼，拿着又圆又大的鼻子，小心翼翼地走到小丑跟前。他都不知道该往哪儿贴了，于是他摇了摇脑袋，随便一贴，鼻子被贴在小丑的下巴上了。同学们见了，哈哈大笑起来。

小朋友们，下课的时候就把你喜欢的游戏教给其他小朋友，邀请他们一起到游戏王国去尽情玩耍吧！不过老师还要提醒你们，游戏要守秩序，注意安全，这样，小朋友们才能玩得更开心。

【资料库】

我最喜欢和大家玩《抓鸡尾》的游戏。第一个人当"鸡头"，最后面的人当"鸡尾"。第一个人要想办法抓到最后面的人，他一定要把手伸得长，要跑得快速灵活，才能抓到最后面的人。我喜欢当"鸡尾"，因为当"鸡尾"非常刺激，就要跑得比"鸡头"更快，才不会被抓住。

我喜欢的游戏是捉迷藏。这个游戏很有趣，一个人找，其他人藏起来。如果有藏的人被找到，就变成找人的。到了最后，只剩一个藏起来的人没有被找到，藏的人就赢了。我喜欢当藏的人，因为每次捉迷藏，我都能藏得好好的，别人总是找不到我。

跳绳这个游戏有趣极了。我双手抓住绳子，用力甩起来。绳子像听我的话似的，我要绳子快，它就快；我要绳子慢，它就慢。跳绳不仅好玩，而且可以锻炼身体。我可爱跳绳了！

（新北区西夏墅中心小学　××丽）

📚 **二年级**

第1课　有趣的动物

【小讲堂】

小朋友，你们知道吗？在动物王国里，孔雀会开屏；刺猬遇到危险时会把自己卷成一个刺球；袋鼠是跳高能手；经过训练的狗，能搜救，能给盲人带路……

你能向大家介绍自己最喜欢的动物吗？它的名字是什么？它有趣在哪儿？

【样板间】

大家好！我是小狮子，号称"百兽之王"。我的头大大的，长着锋利无比的牙齿；我有粗壮而有力的腿脚，还有一条长长的尾巴。我整天练习滚、扑、撕、咬这些本领。力大无穷的我最爱吃新鲜的肉，森林里没有我的对手！别怕，从今以后，保护大家是我的职责！希望大家喜欢我，和我交朋友！

【点评吧】

听了小狮子的介绍，你们知道它是从哪几个方面介绍自己的吗？根据学生回答，相机板书：名字、样子、特点、习性。

【操练场】

瞧，还有这么多的小动物想和小朋友们交朋友，请你们选定自己喜欢的动物，用老师刚刚介绍的方法来介绍一下，先自己准备，再在小组内谈谈动物的名字、样子、生活习性及趣事。讲的同学要有礼貌，态度大方，吐字要清楚；听的同学有不明白的地方可以随时提问，讲的同学要给予回答，其他同学也可以补充。

设立说话奖项：大大方方奖、声音响亮奖、完整通顺奖、善于倾听奖。

【资料库】

（1）我样子胖乎乎的，头和身子都是白色的，只有眼圈、耳朵和肩膀是黑色的。我喜欢生活在树林里，最喜欢吃竹子。我有一个很大的本领——爬树，厉害吧！我还是国宝呢！同学们，猜猜我是谁？哈哈，我就是可爱的大熊猫。

（2）袋鼠是一种有趣的动物。母袋鼠的腹部长着一只口袋，幼小的袋鼠经常待在妈妈的口袋里。

（3）乌龟用很硬的外壳来保护自己，还会冬眠呢！

（4）蜂鸟是世界上最小的鸟，身长仅5厘米，体重不超过2克，产下的蛋只有黄豆大。

（5）鸵鸟是最大的鸟纲动物，雄性身高可达2.75米，重量可达156.5千克。

（6）长颈鹿是现今世界上最高的动物。它的头颈和腿都非常长，站起来能达到6米高，就像一座高高的瞭望台。

第 2 课　我做的手工

【小讲堂】

小朋友，你们喜欢做手工吗？通过我们的双手和大脑，就能制作一些可爱的小物品。现在老师教你们做一个小制作，请认真听讲，仔细观察，听听老师是怎样讲的，看看老师是怎样做的。等会儿请你们将老师制作的过程用自己的语言表述出来。

【样板间】

我的小制作是不倒翁。不倒翁是怎样制成的呢？要准备好制作不倒翁的材料和工具：彩球、乒乓球、橡皮泥、牙签、瓶盖、铁丝、彩笔和剪刀。材料和工具准备好后，就可以开始制作了。

（1）把彩球的一头用筷子或铁钉弄一个小洞，再把橡皮泥放进彩球最底下，作为不倒翁的身子；

（2）用牙签把乒乓球固定在彩球上方，作为不倒翁的头；

（3）在乒乓球上画上不倒翁的脸，最后用彩纸做一顶帽子戴在不倒翁头上。

这样一个可爱的不倒翁就制成了。它不仅可以装饰房间，还丰富了我们的课余生活。

【点评吧】

刚才你们听了老师的介绍，谁来说说老师是从哪几个方面介绍不倒翁的制作过程的？根据学生回答，相机板书：名字、材料、工具、用途和制作方法。

老师在介绍制作方法时按照一定的顺序用了哪些连接词？根据学生回答，板书：先……再……接着……然后……最后……

【操练场】

在向别人介绍小制作时，要说清楚哪些内容？怎么说才能让别人很快学会？在学生交流的过程中，教师适当小结。

（1）要告诉大家自己做的是什么，需要准备哪些材料。

（2）重点是说清楚制作的过程，为了让别人听明白，可以按照制作的步骤一步一步说，用上"先……再……接着……然后……最后……"这样的连接词，能让别人一听就明白。

设立说话奖项：大大方方奖、声音响亮奖、完整通顺奖、善于倾听奖。

【资料库】

（1）有的人喜欢（　　　），有的人喜欢（　　　　），可我却喜欢做——瓦楞纸纸工。

（2）上课前，老师让我们回家准备各色瓦楞纸、胶水、手工小剪刀。上课了，老师先教我（　　　　），接着（　　　　），然后（　　　　），最后（　　　）。哈哈（　　　　）。

（3）老师说：做手工不但可以培养我们的动手能力，还能让大脑更聪明。我爱做手工，就像（　　　）爱（　　　　）一样。

第3课　我喜欢的玩具

【小讲堂】

从你们很小的时候到现在上二年级，玩具就一直陪伴着大家，给你们的生活带来了不少欢乐。这节课，我们一起说说玩具。你们把自己最喜欢的玩具带来了吗？你最喜欢的玩具什么？它是什么样子？它好玩在哪里？

【样板间】

我最喜欢的玩具

西夏墅中心小学二（2）班　××臣

每个人都有自己喜爱的玩具，但玩得时间长了，就觉得没意思了，有的人会忘记，也有的人会丢弃，而我这个玩具已经陪伴我8年了，它就是我最喜爱的玩具——兔兔。

8年前的我才刚刚学会走路，我和爸爸妈妈一起去参加一个品牌发布会，主持人看到我乖巧可爱、不哭不闹，就奖励了我一个玩具。当打开盒子的时候我开心得合不拢嘴，它洁白的身体配上小短腿可爱极了。大大的脑袋上戴着一顶雷锋帽，帽子上还有一颗闪闪发光的五角星。脖子上戴着一条红领巾，当我也成了一名少先队员后，才明白红领巾的含义。由于我属兔，当我看到这个呆萌的兔兔时，简直就是爱不释手，睡觉抱着它，出门带着它，久而久之，它就变成了我们家的一分子。

每年兔兔系列都会出新的主题款式，爸爸会在每年的元旦那天送我一个。但是我并没有因为新款而忘记兔兔，反而更加喜欢它了。每当我开心或者伤心的时候都会和兔兔说好久，记得有一次，我不小心摔破了膝盖，爸爸帮我涂药膏疼得我哇哇大叫，当我看到兔兔那坚强的眼神时我感觉到它给了我勇敢和坚强，晚上睡觉的时候我和兔兔说了好久的心里话，就这样，我忘记了疼痛，香甜入睡了。

我有很多玩具，有的摆在架子上，有的送给了好朋友，只有兔兔一直留在身边。不是它贵重，也不是它精美，而是我和它是一种相互陪伴。

【点评吧】

介绍玩具时，要说出玩具的特点（外形、质地、颜色、大小等），尤其是这件玩具的与众不同之处。同时也要介绍这种玩具的玩法，可以加入自己的感受。

【操练场】

在同学们的帮助下，我把我最喜爱的玩具介绍给大家了。那你们最喜爱的玩具呢？都带来了吗？拿出来快让我看看吧！先看一看它的样子，再想一想怎么玩，看谁能把自己最喜爱的玩具介绍得特别好玩！

说的人要按顺序说，声音洪亮；听的人要记住关键信息，不明白的地方有礼貌地提问。

设立说话奖项：大大方方奖、声音响亮奖、完整通顺奖、善于倾听奖。

【资料库】

二字词：生动、精巧、新颖、小巧、可爱、逼真、鲜艳、漂亮、柔软、洁白、神气。

三字词：胖乎乎、毛茸茸、圆滚滚、水灵灵、红扑扑。

四字词：姿态迷人、洁白无瑕、朝夕相处、弯弯曲曲、回味无穷、工笔细描、身手不凡、五彩缤纷、变化多端、爱不释手、闪闪发光、炯炯有神、小巧玲珑、一尘不染、振翅欲飞、精雕细刻、造型生动、别具一格。

第 4 课　美丽的秋天

【小讲堂】

金秋时节，层林尽染，瓜果飘香，五谷丰登，秋天真是个美丽的季节。今天我们就来聊一聊"美丽的秋天"这个话题。谁能告诉大家，在秋天你看到了哪些景物？

【样板间】

美丽的秋天

一场秋雨过后，秋姑娘带着画笔，迈着轻盈的步伐，悄悄地来到了人间。她洗去了夏天的炎热，给人们带来丝丝凉意。

看！田间那一眼望不到头的金色，正是笑弯了腰的稻谷。那火红的高粱，远看就像一群戴红帽子的小姑娘，随着一阵阵微风在那里翩翩起舞。

果园里热闹极了！有许许多多的水果娃娃。一串串葡萄像风铃挂在架子上，苹果像一盏盏红彤彤的小灯笼，石榴笑得合不拢嘴……

花园里的桂花开了，飘出阵阵让人陶醉的香味。那美丽的秋菊，五颜六色，千姿百态，这些秋菊争奇斗艳，在凉爽的秋风中竞相开放。

啊！秋天真美，我爱秋天！

【点评吧】

秋天美在哪儿，需要我们具体说说，在说的时候要有顺序地说。

讲述步骤：

（1）整体表达，先整体讲解秋天给你留下的印象是什么。

（2）分步描述：按照一定的顺序介绍各个景物的特点，可以按从远到近的顺序观察，也可按从近到远的顺序观察，在观察同一处的景物时，可以按照由上到下的顺序观察，也可按由下到上的顺序观察；可按照由左到右的顺序观察，也可按由右到左的顺序观察，观察景物各有什么特点。

【操练场】

一年有四个季节，每个季节都有每个季节的美景。选择你喜欢的一幅图，先整体观察，然后按照一定的顺序讲述。

要求：说的人声音响亮，语句通顺。听的人认真倾听，有问题要有礼貌地提出来。

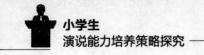

设立说话奖项：大大方方奖、声音响亮奖、完整通顺奖、善于倾听奖。

【资料库】

春天：春暖花开、春风送暖、春意盎然、百花盛开、大地回春、万物复苏、风和日丽、和风细雨、鸟语花香、气象万千、莺歌燕舞、春光明媚。

夏天：骄阳似火、烈日当空、大雨倾盆、绿树成荫、赤日炎炎、烈日中天、滂沱大雨、大雨淙淙、夏意正浓、熏风拂拂、炎炎盛夏、夏阳酷暑。

秋天：金黄、火红、枯黄、依然苍翠、五彩缤纷、五颜六色、色彩斑斓、翩翩起舞、随风飘落、纷纷落下、像黄色的蝴蝶、像秋姑娘的信、像小草的花被子。

冬天：冰天雪地、风雪交加、傲雪凌霜、寒风刺骨、寒风呼啸、滴水成冰、寒冬腊月、呵气成霜、雪满长空、漫天风雪、雪花飞扬、寒风怒号、鹅毛大雪。

第5课　黄山奇石

【小讲堂】

中外闻名的黄山风景区在我国安徽省南部。黄山景色秀丽神奇，那里有奇松、云海、温泉、怪石四绝，吸引了无数中外游客前往游览。其中最有趣的就是黄山的那些奇石了。今天，我们就到黄山去看看那些有趣的奇石吧！

【样板间】

猴子观海

在一座陡峭的山峰上，有一只"猴子"。它两只胳膊抱着腿，一动不动地蹲在山头，望着翻滚的云海。这就是有趣的"猴子观海"。

仙人指路

"仙人指路"就更有趣了！远远望去，那巨石真像一位仙人站在高高的山峰上，伸着手臂指向前方。

[片段选自人民教育出版社《义务教育五年制小学教科书（实验本）语文第四册》]

【点评吧】

听了老师的介绍，你知道是从哪几个方面介绍"猴子观海""仙人指路"这两块奇石的吗？根据学生回答，相机板书：样子、动作、位置、比喻：

（　　　　）像（　　　　　　）

【操练场】

黄山上还有许多奇石，请你当小导游，选择两块你喜欢的奇石，像老师一样给大家介绍吧！

设立说话奖项：最佳小导游奖、大大方方奖、声音响亮奖、完整通顺奖、善于倾听奖。

【资料库】

黄山怪石，有的酷似珍禽异兽，诸如"猴子望太平""松鼠跳天都""鳌鱼驮金龟""乌龟爬山"。有的宛如各式人物，诸如"仙人下棋""天女绣花""夫妻谈心""童子拜观音"。有的形同各种物品，诸如"梦笔生花""笔架峰""仙人晒靴""飞来钟"。有的又以历史故事、神话传说而命名，诸如"苏武牧羊""太白醉酒""武松打虎""达摩面壁"等。

（新北区西夏墅中心小学　　××华）

📖 三年级

第1课　介绍你自己

【小讲堂】

每个同学都像一片独特的叶子，来自不同的家庭，有不同的外貌、性格、爱好……在生活中，我们总会遇到陌生人，这时候我们该怎么介绍自己，才能让对方对你留下深刻的印象呢？

【样板间】

自我介绍

我是一个普通的小姑娘，扎着普通的马尾辫，戴着红色的发卡，看起来不高也不矮，不胖也不瘦。但是我一笑起来，你就认识我了，我笑起来眼睛就成了弯弯的月牙儿。

我最爱读书。有一次我在家里看《爱丽丝梦游仙境》，只感觉自己也和爱丽丝一起在仙境中历险穿梭，却没听到爸爸敲门的响声，连累老爸在门外足足等了一小时。

当然我也爱劳动。以前奶奶常常笑话我四体不勤、五谷不分。如今擦桌子、扫地、洗衣，我样样精通；妈妈生病了，我摇身一变当起了她的"小护士"，测温、拿药、喂粥，我样样熟练。

有同学听到这儿，可能要笑话我"王婆卖瓜，自卖自夸"了，不得不承认我也有许多缺点。比如，上课有时会因为天空飞过的小鸟分神，有时候总想把手指头伸进嘴里尝尝它的"鲜"滋味……不过我有信心能甩掉这些小尾巴。

这就是我，一个真实的女孩，你愿意和我交朋友吗？

【点评吧】

开头抓住人物特点，通过外貌描写突出了"我"的可爱。接着顺着"我"的爱好详细地刻画出了一个爱读书、爱劳动，还有许多缺点的可爱小女孩形象。听众一听就会留下深刻印象。

【操练场】

看了上面这段演说，想必你也蠢蠢欲动了吧。假如今天教室里新转来一位同学，你会怎么向他介绍自己呢？

（1）我们可以从名字、长相、爱好、性格等方面清楚地介绍自己。

（2）介绍的时候切忌害羞扭怩，要大方得体，语气亲切真诚。目视对方，记住眼睛也能帮助你交流。

【资料库】

给自我介绍来一个出彩的开场白：

（1）我就是人见人爱、花见花开的……

（2）在下行不更名、坐不改姓……是也。

（3）大家好，我是我们班人称……的某某。

第2课　介绍日常事物

【小讲堂】

大到汽车，小到手表……如果你是生活中的有心人，就会发现很普通的东西各有乾坤。汽车爱喝油，跑得快；手表看着小，零件细……做个有心人，挖掘出这些日常事物被忽略的特点，向身边人介绍一下吧！

【样板间】

我的书包

我的朋友学富五车，每天与我形影不离，今天我就把他介绍给大家——我的书包。

我的书包看着大腹便便，其实他可没有超重，就是天生块头大。虽然是个大块头，但是天生少女心，爱穿粉色衣，你可别见怪。两条背带像是镂空的大耳朵，让他显得更加憨态可掬。

他的大肚子里大有乾坤。打开他的大嘴巴，里面分成两层，另外，身体两侧还有两个立袋，专门给我放水杯。

他是个好帮手，没了他我可不知道我该怎么办。我的书籍和用具，总是一股脑儿统统塞给他保管，而他总是帮我管理得井井有条，一次也没出过错。妈妈说他是我的小书童，我却不这么叫他。他是我最忠实的伙伴，我最真挚的朋友，我的大书包，我会好好善待你。

【点评吧】

语言轻松诙谐、充满童心，善用拟人手法将书包介绍得非常生动。从书包的外形、内部结构和功能三个角度来介绍书包，突出了书包的可爱和伴着小作者成长的作用，结构完整。

【操练场】

擦亮你的双眼，学着上面的方法，在四人小组中介绍一下你身边的简单事物，可以是黑板、电风扇、粉笔等。

（1）介绍的时候要注意条理，可以从颜色、形状、材料等方面先介绍外形，再介绍其用途、使用方法等。

（2）介绍的时候可以展示实物，这样方便讲解，更有吸引力。

【资料库】

（1）能够用先整体、再局部的方式观察描述事物的外貌。如这样描述小闹钟：

我的小闹钟，身材又矮又胖，一身银色的大铁皮像是铠甲，我叫他"胖将军"。胖将军的"护心镜"是透明的圆形玻璃，透过玻璃你能看到时针、分针、秒针嘀嘀嗒嗒地转，那是他跳动的心脏。胖将军肚子大、脑袋小，但是每天早晨一打起铃来我得抖三抖。

（2）利用总分的段落结构介绍事物的特点，如这段介绍眼镜的功能：

我的眼睛全靠眼镜了。一离开眼镜，我的世界就是一片蒙眬模糊，像是掉入了油彩世界，看什么都有一种抽象美。

第3课　奇遇故事大王

【小讲堂】

我们听过很多有趣的故事，有童话故事《丑小鸭》《美人鱼》等；也有神话故事《哪吒闹海》《夸父追日》。你最喜欢哪个人物？如果哪天你遇到他，你们会发生什么神奇有趣的故事？

【样板间】

"真讨厌，今天作业堆成山啦！"我一边抱怨，一边奋笔疾书，不知不觉中沉沉跌入梦乡。

"醒醒，醒醒，你叫什么名字？"我迷迷糊糊睁开眼睛，见面前一人腰系虎皮裙，手握一根金箍棒，足踏一双鹿皮靴。

我正发怔时，对方又发话了："呆子，俺问你话呢？"我吓得直往后退，颤颤巍巍应道："吾乃×焱。"那人嘻嘻一笑，翻身一跳蹲坐在书桌上，"听说你个小鬼为作业烦恼，俺特意来帮你做作业。"我欣喜若狂，立刻奉上作业。只见他拔毛一吹，本子上瞬间爬上密密麻麻的字迹。"你能帮我考试、帮我上课吗？"我立刻央求道。但是他将身一闪，化作一只蜜蜂飞走了。当我再次醒来时，才惊觉这不过是我和孙大圣在梦中邂逅罢了，凡事还是靠自己才靠谱。

[西夏墅中心小学三（4）班　×焱]

【点评吧】

想要当一个成功的故事大王，一定要明确故事的六大要素：时间、地点、人物、起因、经过、结果。

为了让这个主人公真实立体，你应该在编故事的时候明确他的身份、外貌、性格等特点。例如，孙大圣的金箍棒、虎皮裙就是独一无二的特点。讲好故事除了要塑造人物外，还要安排故事情节。一个完整的故事一定包含起因、经过、结果。你在想象的时候可以简单地在纸上用一两句话把故事的情节写一下，这就是故事的大纲。为了让故事更加生动，你可以给你的人物安排有趣的对话。

【操练场】

（1）你也来续编一个有趣的奇遇故事吧。

① 想象故事的时候注意添加人物的对话，讲故事的时候不同的人物要用不同的口吻。

② 切记不要背故事，讲故事的时候要配合适当的表情和动作，把自己当作故事中的人物，这样，听众才会有身临其境的感觉。

（2）听故事，评"故事大王"：他准备故事认真吗？他的故事内容精彩吗？他有没有添加动作表现出故事中的人物？从这三个角度评价，推选出"故事大王"。

【资料库】

看看下面这些开头能不能激发你编故事的灵感。

（1）这天晚上，我关了灯准备睡觉，谁知窗外一片光亮，我走过去，发现了一艘外星飞船。还没等我细瞧……

（2）放学路上，我看见一只红宝石眼睛的兔子，我认出了它，就是《爱丽丝梦游仙境》中的那只兔子，这太神奇了。于是我一路追着它跑，谁知不注意，我跟着它掉进了一个山洞里……

第 4 课　家庭趣事

【小讲堂】

你最亲密的莫过于家人了，你能给大家介绍一件与家人之间发生的趣事吗？

【样板间】

"头脑王者，现在开战！"主持人爸爸揭开了今晚咱家家庭挑战赛的序幕，在一旁的选手——我早已按捺不住，今晚不夺冠誓不罢休。

谁知出师不利！"《西游记》中的孙悟空在五指山下压了多少年？""黑猩猩是用身体哪个部位表示示威？"一连两个问题都被对手——妈妈抢了去，急得我直跳脚。但是这位伟大的对手却一派云淡风轻，简直就是无声的挑衅。

老爸看我这么沉不住气，向我使了个眼色，我立刻会意，有戏了！"李逵外号是什么？"我顺势应道："黑——旋——风。"爸爸真给力！接下来爸爸都对着我的胃口提问，这下轮到妈妈乱了阵脚。看她脸色越涨越红，却还被我和爸爸暗度陈仓的操作蒙在鼓里，这让我好不窃喜。

果不其然，经过我和爸爸这番里应外合，我甩了妈妈整整50分，是个"当真有愧"的头脑王者啦。

【点评吧】

小作者陈述家庭趣事的时候侧重交代人物的互动，这样"趣"才能体现出来，并且通过"谁知出师不利""果不其然"等过渡语卖关子，抓住听众的耳朵，这样更有吸引力。

【操练场】

选择一个有趣的家庭故事分享：注意选材要有趣，可以在交代最有趣细节的时候卖关子，这样听众才不会开小差。记住，听众最感兴趣的是你的感受和人物互动的反应，这样才具有吸引力。

【资料库】

讲故事的时候怎么卖关子、画重点，吸引别人的注意力呢？我们可以借鉴一下相声界、评书界前辈的经验：

（1）话说……且听我慢慢道来。

（2）天有不测风云，谁知……

（3）令人意想不到的是……

第5课　五彩旅行

【小讲堂】

同学们去过哪些地方旅游？想必大家都是经验丰富的小驴友。既然看过祖国这么多的大好河山，同学们何不把自己的所见所闻分享给身边的人，让他们也通过你的描述感受你旅行的快乐？

【样板间】

厦门行

西夏墅中心小学三（4）班　××哲

8月初，我和家人一起去了厦门。随着飞机慢慢爬坡，缓缓升入云层，我的心也越发激动起来。

厦门可是个热门旅游城市，景点多得简直数不过来：厦门科技馆、鼓浪屿、中山步行街……

天气很热，但挡不住我们的兴致，我们光着脚丫在沙滩上跑步，徒步走了大半个鼓浪屿。碧海、蓝天、绿树，一切都是那么和谐，真想把这美景定格成画。海风吹拂在脸上，咸咸的，凉凉的，这才是夏天该有的味道。我们还赶起了海，浪花比我们还调皮，逗着我们的小脚丫子，一会儿扑过来，一会儿又逃走了，真是拿它没办法。置身雾气缭绕的海边，仿佛进入仙境。

美好的时光总是快乐又短暂，这次旅行我见识了美丽的风景，收获了许多知识！

【点评吧】

文章开门见山。这位小演说家不仅整体介绍了厦门的热门景点，还重点讲述了在海滩上游玩的经历，由总到分，他陈述的经历有条理、有细节。而赶海的细节则运用了比喻、拟人描述浪花的动态美。

【操练场】

（1）以"我的旅行不一般"为主题进行演说，先回味经历的事情或者体验过程中心理和行动的发展变化，并有详有略地讲述出来，还要把自己对这次体验活动的感受说出来。

① 演讲前要做好充分准备，可以准备优美的旅行照片或者视频，边演说边展示，会更加吸引听众的目光。

② 演讲时要像一个小导游一样面带微笑，语气抑扬顿挫，可以用动作模拟旅行时候的活动或者感受，让听众走进你的记忆世界。

（2）按照上面的评选在班级中评选出"最佳小导游"。

【资料库】

去旅游常常会感叹景点的美，但是怎么才能把你经历的美说出来呢？

（1）注意描述美景的颜色美。可以多用"湖蓝""翠绿""雪白"等事物加颜色的词语让景物更添彩。

（2）注意描述景物的动态美。如"荡漾的碧波""调皮的浪花""吹拂的晚风""摇曳的花朵"等，这样才有画面感。

（3）重点描述经历的感受。或是惊险刺激，或是舒适惬意，这些独一无二的感受能给听众以很强的感染力。

（新北区西夏墅中心小学　××琼）

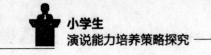
四年级

第 1 课　夸夸我的同学

【小讲堂】

每个同学都有自己的长处。有的人刻苦练习，能写一手好字；有的人心灵手巧，会做各种手工；还有的人古道热肠，别人有困难就尽力相助……看看下面的演说稿，是怎样抓住同学的长处夸赞他的。

【样板间】

她长着一双小眼睛，扎着一个马尾辫，个子比我矮一点，一笑露出两个小酒窝。

她是我们班里最勤劳的同学。每天早上一来到教室，她就拿起扫把打扫卫生，总是把地面扫得干干净净。有一次，我忍不住问她："你每天都打扫教室，不觉得累吗？"她却笑了笑说："不累，老师不是经常说要我们保持教室干净整洁吗？多干点活只当锻炼身体。"

她还是一个助人为乐的同学。有一次，老师让我和同桌一起去倒垃圾，我俩刚到操场，突然一阵北风呼啸着吹来，我本能地闭上眼睛，过了一会儿，风不刮了，我睁开眼睛一看：呀，废纸刮得到处都是。我俩手忙脚乱地乱抓，真恨自己少长了两只手。这时，一个熟悉的身影映入我们的眼帘，原来是她！只见她不停地追逐那些被风刮得"翻跟斗"的废纸。我们三个联合起来费了九牛二虎之力，终于把那些"逃兵"一个个"捉拿归案"。望着头上冒着汗珠的她，我和同桌不约而同地说了声："谢谢你！"

这就是我的同学，一个勤劳、乐于助人的好同学，你说，是不是应该夸夸她呢？

【点评吧】

这篇演讲稿整体上运用了分总的构段方式，抓住同学勤劳和助人为乐两个优点进行夸赞，先简单介绍其外貌，接着选典型事例证明两个优点，最后总结优点。其中，第二、三小节还运用了总分的构段方式，第一句话都是该小节的中心句，事例是围绕这两个优点来写的，而且突出助人为乐是重点事例，详细叙述，勤劳这一优点则略写。

【操练场】

你的同学有什么长处？赶紧去夸夸他吧！注意说的时候要紧扣同学的优点来写，选择最能体现这一长处的事例来说。如果事例多，要做到有详有略，别忘了用上总分、分总或者总分总的结构方式。

【资料库】

（1）最动人的是你那双纯净、明亮、炽热的眼睛，恰似一泓清泉，源自心灵深处。

（2）你高兴时大笑，你悲恸时痛哭。我都喜欢，喜欢你像一块白玉，毫不掩饰，坦诚率真。

（3）你如一艘勇敢的船，逆流而上，在汹涌的浪涛中始终把握着前进的航向。

第2课　身边事物的自述

【小讲堂】

我们生活在一个五彩缤纷的世界，万事万物都是那么生机勃勃。日月星辰带给我们无限的遐想，绿树红花送来美丽清新，可爱的小动物与我们共同分享生命的精彩……

当我们在培育植物、饲养动物时，你是否想象过它们的生命历程是怎样的？如果从它们的视角来看我们人类，又会是怎样的情景呢？

看看下面的演说稿，是不是好像大树也有了生命，十分生动有趣？

【样板间】

再低头看看我的树根，他深深地扎在泥土里，在两米以外的泥土上，还有我的树根裸露在上面呢！我的树干十分粗壮，两人合抱，才能把我全部抱住。从下往上看，我的身体有十几米高呢！用手摸摸我的树皮，又坚硬又粗糙。我的手——树枝，很粗壮，有力地伸向四方。从远处看，我的叶子像金子，整棵树就像摇钱树似的。一阵风吹来，树叶纷纷落下了，好像蝴蝶在空中翩翩起舞；还像一把把小伞从十几米的高度掉下来……我的果实名叫"白果"，看上去有枣子那么大，闻一闻，有一股馊牛奶的味道，放在微波炉里烤一下，嫩绿色的果肉从壳里露了出来。它富含蛋白质、脂肪、维生素C等营养成分，吃了它，可以润肺，还能预防哮喘、咳嗽、高血压。

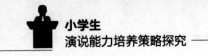

【点评吧】

自述的时候要抓住事物自身的特点来说，如写动物抓住外形、生活习性来说，写植物抓住形态、色彩、生长习性来说，写小物件可以抓住形状、质地、用途来说。当然，这些都建立在对事物熟悉、了解的基础上，必要时再细致、深入观察。介绍时还要有一定的顺序。

【操练场】

找一个你最熟悉或最感兴趣的事物，用它的眼睛来观察这个世界，用它的语言来叙述你对生活的感受和领悟。以自述的口吻介绍给大家。

【资料库】

（1）开头用一两句话介绍"我"的来历，自然地引出下文。

（2）通过颜色、形状把"我"的外形准确地勾勒出来，写出特点，给人以鲜明的感觉。

（3）字里行间要流露出"我"与他人之间的相互情感，增强文章的感染力。

第3课　我会讲故事

【小讲堂】

从小到大，我们听了无数个故事，每个人都有一颗爱听故事的心。故事满足了人们对于美好生活的向往，同时，故事中也包含着许多人生哲理。

看看下面的演说稿，学学如何编故事。

【样板间】

自从西天取经回来，孙悟空便一直闲在家。只要他一上街，路人便会对这个全身长毛、尖嘴猴腮的怪物指指点点，悟空被看得有点难为情，只得逃回了家。这样一次两次、三次四次后，悟空渐渐对自己的外貌没有了信心。

这天，悟空正在家中闷得无聊，突然猪八戒来了，不看不知道，一看吓一跳。猪八戒居然成了一位帅哥。一问才知道他去做了美容，想到自己在街上被别人指指点点的情景，悟空也想去美容院试试。

在猪八戒的介绍下，悟空来到一家著名的美容院。美容师推出了一台高档褪毛仪器，让悟空躺在美容床上，随着仪器的轰鸣，只5分钟工夫，悟空身上的汗毛便去除得一干二净。孙悟空满意地回家了。

这天，悟空正在外面游玩，忽然见到一个小妖怪在欺负一个孩子，妖怪有妖法，它吹了一口气，周围一下子出现了十几个小妖怪。悟空伸手想拔一根毫毛变出许多小悟空来，哪知，伸手拔了个空，原来他忘记自己已经接受了褪毛美容，趁着这工夫，小妖怪已经逃走了。

这下悟空可后悔了，没想到美容居然毁掉了自己的一项特异功能。此后他再也不去美容院了。

【点评吧】

编故事的一般步骤：确定主要角色，发挥想象，编写一个生动有趣、完整的故事，写清故事的前因后果，做到通顺明白。借故事介绍一个浅显的知识或讲明一个道理。还要把故事的情节讲完整，对主人公的动作、语言、心理进行描写，故事才会更加生动有趣。

【操练场】

你喜欢卡通人物吗？请展开想象的翅膀，从中挑选出一两位，重新编个故事。也可以自己设计一个卡通人物，给他起一个好听的名字，让他走进你编的故事里，再把这个故事讲给大家听。

【资料库】

如何编好故事：语言要优美，情节要生动，想象要丰富。

第4课　分享难忘的事

【小讲堂】

日常生活中，经常会有一些画面进入我们的视线，或者经历的事情、特殊的体验活动，打动我们的心灵，让我们印象深刻。如果我们能够及时地把这件事、这种感受记录下来，打动的就不仅仅是自己了。

请看看演说者是如何把自己难忘的经历说出来，让听众感同身受的。

【样板间】

本学期一开学，老师布置一个叫"护蛋行动"的活动。我们听到这个消息觉得很好笑。可经历了第一天之后，我就觉得这是一件难做的事。

第一天早上，我给准备好的鸡蛋足足包了四层"环保层"：第一层是保鲜袋，第二层是软海绵，第三层是双层纸巾，最后一层是一个小布袋。心想，这样放到口袋里就会万无一失了。

来到学校，我的第一件事就是查看鸡蛋。送语文作业的时候，由于是下课，走廊里走来走去的同学很多，好不容易才走过了"危险区"。下课时，为了鸡蛋的安全，我一直坐在座位上。同学们都笑话我，说我快成一只"小母鸡"了。

说话间，一名同学大喊一声："完了！"我忙上去看个究竟，一位同学正对着地上打碎的鸡蛋难过呢。又有一位同学大叫一声："我的鸡蛋也报销了！"我赶紧退出"包围圈"，乖乖地在自己的座位上做起了"小母鸡"。

真不知道，明天这只鸡蛋的命运会怎样！

【点评吧】

第一小节写了护蛋前的心情。第二至四小节写的是如何提心吊胆地护蛋的。最后一小节写了护蛋后的感慨："真不知道，明天这只鸡蛋的命运会怎样！"按照活动前、活动中、活动后的顺序有序讲述。在护蛋过程中通过自己的动作、心理感受以及同学们的语言，具体描写了护蛋这个活动艰难的过程。

只有说出属于自己的最真实的感受，你的演说才能给人留下深刻印象。要说具体，可以把我们看到的、听到的、想到的、说的、做的都说出来。

【操练场】

以"难忘的一次体验"为主题进行演说，先回味自己经历的事情或者体验过程中心理和行动的发展变化，再有详有略地讲述出来，还要把自己参加这次体验活动的感受说出来。

【资料库】

体验文章一般可以怎样写呢？

①活动由来；②体验过程；③自己的感受。

第5课　说说我的发现

【小讲堂】

童年是美好的。人们在童年时代，对一切都感到新奇，当我们走进大自然、走进生活时，一定会有许多有趣的发现，如荷叶上的水总是凝聚成亮晶晶的珠子，小狗经常把长长的舌头伸在外面，到了秋天树叶就会变黄、苹果就会变红……

下面是一名学生的发现。

【样板间】

科学课上，老师告诉我们纸可以当作锅烧水。我听了，觉得老师的话很荒唐：怎么可能呢？水还没热，纸不就先被烧了吗？于是我放学回家就想证实一下。

我找来一根铁丝，用夹钳把铁丝做成了一个小架子，然后拿一张纸，折成一个"小水盆"，装满水，放在架子上，再找来一支蜡烛，放在架子下面，最后点燃了蜡烛。我目不转睛地盯着"水盆"：两分钟过去，"水盆"底下已被熏黑。又过了两分钟，水已经烧热了。再过了两分钟，奇迹发生了——水沸腾了，纸竟然完好无损！我不相信自己的眼睛，又检查了几次，纸确实完好无损。

这次实验的成功使我更好奇了，我决定弄清楚其中的奥秘。我来到学校图书馆查资料，终于找到了答案：原来是温度在作怪！因为纸燃烧需要的温度是130摄氏度，而水烧开只需要100摄氏度，所以热量全被水吸收了，纸当然就不会燃烧了！

这次实验证实了：一些平时看来很奇怪的事，只要努力寻求答案，就会觉得并不奇怪。

【点评吧】

（1）说清时间、地点、人物，发现了什么有趣现象。

（2）说清自己观察的经过。

（3）说清为什么会出现这种情况（上网、看书、做实验）。

（4）总结谈谈自己的感受（大自然奇妙，认真观察做有心人）。

【操练场】

你发现了什么？是怎样发现的？把自己在大自然或生活中的一次有趣的发现说出来。说明其中的科学道理，以及你得到什么启发、获得了哪些知识等。

【资料库】

（1）要突出"趣"。

（2）要说出发现的经过、结果以及自己在发现过程中的所思所想。

（3）注意段落结构，围绕中心，详略得当。

（新北区西夏墅中心小学 ××佼）

五年级

第1课 关注开头，奠定精彩的基础

【小讲堂】

美国著名人际关系学家卡耐基说过，在演说中，开头和结尾能显示出你到底是一个缺乏经验的新手，还是一名演说专家。要想一开始就抓住听众的注意力，就要在开场白上下功夫。

（1）以故事开场。在例证某个观点时，用一个有趣的故事可以让论点深刻。

（2）设置悬念。设置悬念能很好地捕捉听众的注意力，激发听众的好奇心。

（3）倾注人文关怀。许多时候，演说者与听众并不熟悉，互动或真诚的问候、关心，可以消除陌生感。

【样板间】

在卡耐基的多次演讲中，有一篇是这样的：

"我大学刚毕业的时候，来到南达科他州。一天晚上，我走在街上，看到一群人围着一个站在木箱上说话的人。我觉得很好奇，就挤进人群中。听到这个人正在说：你知道吗？你从来也没见过秃顶的印第安人吧？也没有见过秃顶的女人吧？你不觉得奇怪吗？现在，让我告诉你这究竟是为什么……"

【点评吧】

设置悬念，激发好奇心，可谓一个精彩的开头。就这么直接地进入事件，轻易地把听众带到事件中去了。

【操练场】

（1）以"珍惜时间"为主题，写一个开头。

（2）能抑扬顿挫地进行演说。

【资料库】

一日，著名主持人赵普应合肥工业大学邀请，为全校师生做演讲。因为前来听演讲的学生太多，容纳千人的会场已经座无虚席，有的同学只能在过道或角落找个站脚的地方。赵普见到此情此景，他说："我第一次走进安徽高校，心怀感恩和忐忑而来。实际上3年前就有约，因为时间关系和各方面因素，一直拖到现在。今天能与同学们面对面交流，对我来讲是一件非常荣幸的事。大家

都吃过午饭了吧？有没有男同学主动把座位让给女同学？如果有男同学把座位主动让给女同学，我相信你的前途会充满爱和力量。"赵普以幽默和温暖的开场白赢得台下学生连连叫好。

（据《合肥晚报》）

第2课　结尾不容忽视

【小讲堂】

当一个演说者退席后，他最后所说的几句话，仍将在听众耳边回响，这些话将在听众脑中保持最长久的记忆。所以，演讲的结尾和开头一样重要，不可随意处置。

（1）总结观点。一般情况下，演讲的内容对于听众来说，就像一串撒向听众的弹珠，有的可能会落在听众身上，但绝大部分则零散地掉在地上，结尾处总结很有必要。

（2）引经据典。以合适的诗句或者名人的经典语录作为结尾，可以与对方建立信任感，还可以表现出个人的独特风格，产生语言魅力。

（3）话语幽默。在各种各样的结束语中，幽默可算是极有情趣的一种。用幽默结束演讲，能给演讲者和听众双方都留下愉快美好的回忆。

【样板间】

著名作家老舍先生特别幽默。在某次演讲中，他开头即说"我今天给大家谈六个问题"，接着，他第一、第二、第三、第四、第五，井井有条地谈下去。谈完第五个问题，他发现离散会的时间不多了，于是他提高嗓门儿，一本正经地说："第六，散会。"听众起初一愣，不久就欢快地鼓起掌来。

【点评吧】

幽默是气氛的调节剂，老舍在这里打破了正常的演讲范式，从而出乎听众的意料，收到了幽默的效果。

【操练场】

（1）以"假期学习计划"为主题，写一个结尾。

（2）能抑扬顿挫地进行演说。

（3）能有条理地说出自己的独特感受，较熟练地脱稿或即兴发言。

（4）能借助思维导图，厘清线索，有中心、有条理地演说。

【资料库】

在延安的一次演讲会上，当演讲快结束时，毛泽东掏出一盒香烟，用手指在里面慢慢地摸，但掏了半天也不见掏出一支烟来，显然是抽光了。有关人员十分着急，因为毛泽东烟瘾很大，于是有人立即动身去取烟。毛泽东一边讲，一边继续摸着烟盒，好一会儿，他笑嘻嘻地掏出仅有的一支烟，夹在手指上举起来，对着大家说："最后一条！"

这个"最后一条"，毛泽东的话是最后一个问题，又是最后一支烟。

一语双关，妙趣横生，全场大笑，听众的疲劳和倦意也在笑声中一扫而光了。

第3课 排比句为演说锦上添花

【小讲堂】

如果演说内容缺乏新意，听众更觉乏味，其实这种情况用上排比的修辞手法就可以搞定。排比就是通过相似的结构让预期更连贯，朗朗上口，便于记忆，让人印象深刻，增强演说的气势和感染力。

【样板间】

林志颖有这样一段演说：

"我不是偶像，我是一个技术宅男，我是科技狂人，我可以用我的手机在这里控制我家里的一切电子设备。

"我不是一个偶像，我是一个赛车手，我可以置生死于度外去超越我的极限。在这次的车祸里面，我的脚断了三根骨头，打了四根钢钉。那时候的我，一心只想要超越别人，却伤害了自己，后来我就不断要求我去超越自己，竟然就变成了拿二十座冠军奖杯的职业车手。

"我更不是一个偶像，我完全是一个超级奶爸，孩子喜欢跳舞，但是嫌我的舞步土，会土吗？根本不会，而且教我跳街舞，我就天天陪儿子从客厅跳到厨房，真的是难死我了，超级奶爸不好当。"

【点评吧】

林志颖用一连串的排比"我不是偶像……"力撕"偶像"标签，展现了一个不一样的林志颖，感染人、打动人，赢得大家的支持，不仅营造了气势，而且发挥了感染力，升华主题。

【操练场】

（1）以"放飞梦想"为主题，做一次即兴演讲，用上排比的修辞手法。

（2）能抑扬顿挫地进行演说。

（3）能较熟练地脱稿演说或即兴发言。

【资料库】

放飞梦想，就要打开理想的世界。用自己的知识和智慧去开启科学的大门，能用自己的妙笔去描绘祖国美好的明天。

放飞梦想，就要给梦想之船装上理想的帆。我们不能一直停留在梦想的层面，要努力将梦想变成自己努力奋斗前进的理想，梦想的航船只有装上了理想的帆，才能乘风破浪，一往无前！

放飞梦想，还要选对放飞梦想的舞台。如果你是一只雏鹰，就应该选择高远的蓝天，以翱翔九天的姿态来搏击风雨，达到梦想的彼岸；如果你是一头雄狮，就应该选择一望无际的原野，率领群狮在草原上纵横驰骋；如果你是一只老虎，就该选择茂密的丛林，呼啸山林，号令百兽。

第 4 课　真情实感动人心

【小讲堂】

《师恩难忘》这篇课文，写了田老师上课的情景，作者至今难忘。作者写得具体，我们读了也仿佛身临其境。无论是演讲的主题还是内容，选择能够打动听众的故事，尤其是抓住细节引起听众共情，会让演说效果事半功倍。

【样板间】

有一个同学在习作《我的班主任》中写了这么一件事：

我正在聚精会神地做作业，忽然，一只温暖的手扶着我的前额，慢慢地向上抬起。原来是冯老师。她的一双眼睛望着我，好像在说："'三个一'，怎么又忘了？"

我不好意思地一笑，立刻把身子挺直。

冯老师轻轻拍了一下我的肩膀，朝前走去。从此，我每次做作业的时候，就觉得额前有一只温暖的手，它时时提醒我：写字，一定要保持正确的姿势。

（苏教版五年级上册语文习作一）

【点评吧】

这件事比刘绍棠写的老师讲课的事还小、还平常，但是十分细腻感人。正是因为事情平常，许多人生活中有过同样或类似的经历，所以能够让人产生共鸣，这就是细微处彰显真情。

【操练场】

（1）选择一位老师，说说他在外貌、性格等方面的特点，也可以选择一两件教育事例，题目自拟。

（2）能抑扬顿挫地进行演说。

（3）较熟练地脱稿演说或即兴发言。

【资料库】

最美的眼神是什么样的呢？什么样的人才有美丽的眼神呢？我从小就一直在寻找这两个问题的答案，直到后来，我渐渐明白了。

课堂上，我总是安静地听老师讲课，从来都不敢大胆举手发言，我曾多少次暗下决心要改变自己，可是每当机会来临时，我总是缺少勇气与自信。

老师似乎发现了这一点，在一节课上叫我回答问题。我像做了错事一样，低着头站着，我的脸红得发烫，心也跳得很快，双手冰凉冰凉的，腿也微微发颤，我一个字也说不出来，可眼泪却快要流出来了。老师并没有批评我，而是给予我鼓励的眼神，让我坐了下来。

课后，老师经常鼓励我，告诉我一定要有自信，要相信自己能够做好，上课要积极举手回答问题，试试就能成，争争就能赢。老师的眼神中流露出了鼓励和肯定，我看着老师的眼神，突然觉得那眼神真的好美好美！我也认真地看着老师的眼睛，点点头。

从那以后，每当我碰到困难和挫折的时候，那美丽的眼神总是在鼓励着我。那眼神给了我力量，给了我前进的动力，让我有勇气面对一切。

第5课 有条理，演讲内容更清晰

【小讲堂】

在演讲游记这类内容时，由于缺乏直观性，导致听众的感受与演讲者的情感脱节。所以在演讲时，条理清晰是首先要达到的标准，这样只通过语言描述就能够在听众脑海中建构一个立体的空间世界。

【样板间】

龟山汉墓参观记（节选）

步入南面的甬道，只见一束红色的激光从墓内直射出来。导游介绍说："这条墓道长56米，打凿得非常直，用这束激光测定，从道口到尽头，几乎不差毫厘。往北19米，还有一条和它平行的甬道，如果把两条甬道同时向西延长，要到1000千米以外的西安才能相交呢！"我们听了连声赞叹，真想象不出两千多年前我们的先人是用什么办法开凿的。

穿过甬道，我们来到墓室。墓室共15间，面积达700多平方米，几乎掏空了整个山体。马厩、兵器库、厨房、歌舞厅、会客厅……一应俱全，完全是仿照墓主人——楚王刘注生前居住的宫殿建造的。最有趣的是刘注夫人墓室内的歌舞厅。一根粗大的擎天柱矗立在大厅的中央，拱形的屋顶上有许多凸起的小石包。抬头仰望，那屋顶宛如浩渺的夜空，而那些小石包就是散落在天空中的星星。

（苏教版五年级下册语文习作四）

【点评吧】

作者运用移步换景的手法，有选择地介绍，突出重点。既有条理，又突出了文章的主题。

【操练场】

（1）结合自己的旅游经历，学习样本有条理的介绍方法，进行一则参观记或者游记的演说，题目自定。

（2）能较熟练、有中心、有条理地脱稿演说或即兴发言。

【资料库】

一大早，我们就乘车来到福州博物馆，买好门票，我们就朝大门走去，一进门，就看见一辆气势磅礴四匹马拉的古代马车，上面有一个人驾驭，原来它就是秦始皇的御驾——铜车马。

再往前走，在显眼的地方摆着一把锋利无比的刀刃，这就是青铜剑。听讲解员介绍，青铜剑表面有一层化学涂层，有良好的防腐性能，难怪两千多年过去了，这把剑还是银光闪烁。

不一会儿，我来到了秦俑最多的地方，有高级军吏俑、铠甲武士俑、战袍武士俑、铠甲军吏俑等。这些与人等高的陶武士俑，面部神态、服式、发型都

101

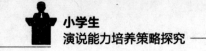

小学生
演说能力培养策略探究

各不相同，威风凛凛，让人赞叹不已。

——《观秦兵马俑》

（新北区西夏墅中心小学　××宇）

六年级

第 1 课　缤纷假日乐分享

【小讲堂】

缤纷假日趣味多，收获良多乐分享。新学期，新气象，让我们把回忆变成一串串充满温度的文字吧！

【样板间】

触摸古镇，激情冲浪

西夏墅中心小学六（4）班　××俊

尊敬的老师，亲爱的同学们：

大家好！我今天演讲的题目是《触摸古镇，激情冲浪》。

大海让人思绪万千，古镇让人内心沉静。这个暑假，我同家人去浙江省宁波市象山县石浦镇游玩的经历历历在目。

首先，我们领略了石浦镇古城的韵味，古朴的石质小路上下起伏，延绵至深涧小巷，弄巷两侧全是木质小瓦房。

接着，我们体验了海边沙滩游乐场的惊险刺激，亲密触摸沙滩细柔的沙子，勇敢挑战海边刺激的冲浪，此外，还出海感受海边渔民的艰苦朴素。

最后，我还发现由于人口密集，海里垃圾污染严重。所以向大家呼吁：在发展经济的同时注意保护环境，做一位有环保意识和社会责任感的好孩子！

我的演讲结束了！谢谢大家！

【点评吧】

纵观全篇，这位同学从古镇游玩、刺激冲浪、保护环境三个方面讲述自己的假期生活，有条有理，主题突出，寓教于乐，体验中得到真知与启迪。讲述的时候如能把冲浪那一板块写具体、说生动会更好。

【操练场】

请你以"缤纷假期乐分享"为主题，做一次演讲。

【资料库】

缤纷假期乐分享（片段）

恐龙园不仅有栩栩如生的恐龙化石，还有丰富多彩的游乐项目。其中让我印象最深刻的是穿越侏罗纪。我们排着长长的队伍，经过两个多小时，终于坐上了小船。开始冒险了，小船载着我们沿着弯弯的河道缓缓前进，不知不觉来到了侏罗纪时代，顿时，四周一片漆黑，到处充满了阴森可怕的气息。突然，一阵可怕的叫声传入耳畔，不禁吓出我一身冷汗。随着小船的前进，前面出现一条满口流着口水的霸王龙，它盯着我，好像要把我一口吞下去，我赶紧闭上眼睛。直到五彩缤纷的光照在我的身上，我才感到一阵轻松，心也平静了下来。我开始欣赏美景了，有的恐龙妈妈正在忙着喂刚出生的小恐龙，有的在草地上散步……眼前的光线越来越亮了，该到出口了。天哪！我们要从18米的高空冲下去，我的心都快提到嗓子眼里啦！我紧紧地抓着扶手。船儿像离弦之箭冲下去，水花四溅。到终点了，好刺激！勇敢的我战胜了内心的恐惧，忍不住为自己竖起大拇指。

第2课 爱我中华齐奋进

【小讲堂】

"遥远的东方有一条龙，它的名字就叫中国……"每当听到这慷慨激昂的歌曲，作为"龙的传人"的我们内心是否会涌起强烈的爱国情怀？我爱你，中国！

【样板间】

爱我中华（片段）

尊敬的老师、同学们：

大家好！我今天演讲的题目是《爱我中华》。

站在时代的今天，我们回望：一个民族要独立，要生存，要发展，不仅需要强大的民族经济，需要坚实的物质基础，还需要一种以爱国主义为核心的伟大的民族精神。这是支撑一个民族存在与发展的强大精神动力与精神支柱。我们是华夏儿女、炎黄子孙，是中华民族的新一代。"团结统一、爱好和平、勤劳勇敢、自强不息"，我们的民族精神蓬勃向上，我们的明天更加辉煌。

未来属于我们，世界属于我们，让我们在中华民族伟大精神的熏陶下，刻苦学习，顽强拼搏，时刻准备为中华民族的伟大复兴而努力奋斗！

【点评吧】

（1）优点：语言优美，条理清晰，从自身角度、发展角度等展开演说，层层递进。

（2）缺点：远离我们的生活实际，没能把收集的素材资料转化成大家熟悉的表达方式，这样会让听众觉得生涩，不能做到以情动人。

（3）方法：可以通过身边的事例来证明祖国的强大，如说说家乡的变化，这样更深入人心。

【操练场】

如果以"爱我中华"为主题，你会如何进行演说？

【资料库】

爱我中华齐奋进（片段）

尊敬的老师，亲爱的同学们：

大家好！今天我演讲的题目是《爱我中华齐奋进》。

祖国在腾飞，家乡在发展，我的家乡也正随着巨龙的腾飞发生着日新月异的变化。这天我站在家乡的土地上眺望祖国山河，心中突然涌起一种感觉：祖国的山山水水、祖国的辉煌灿烂都浓缩在我所在的这片热土上，我的家乡是多么美好！故乡是我梦中永远的景致，因为那儿是我成长的摇篮，那儿的一草一木都深入我心。在这片美丽的故土上有我热爱的学校，她用母亲的情怀，给予我知识，给予我最纯洁的友谊。她告诉我什么是美丽，什么是善良，什么是邪恶。

爱我祖国，爱我家乡，爱我校园！这是心灵的赞美，这是心灵的歌声，这是心灵的呼唤！让我们行动起来，从爱家乡、爱学校的点滴事情做起，来实现建设美丽祖国的神圣诺言。

第3课　多样民族合家欢

【小讲堂】

我国是各族人民共同缔造的团结统一的多民族国家，各民族的前途命运和祖国的前途命运始终紧密联系在一起。介绍多样民族，了解共识走向合家欢。

【样板间】

多样民族之苗族（片段）

尊敬的老师，亲爱的同学们：

大家好！我今天跟大家介绍的是苗族，一个古老、文明、讲究礼仪的民族，岁时节庆独特鲜明的民族。

大部分地区的苗族一日三餐，均以大米为主食。

苗族聚居的苗岭山脉和武陵山脉一带，那里气候温和，山环水绕，大小田坝点缀其间。

苗族在历史上节日较多。

苗族居住在高山地带，以农业为主，农作物主要有旱稻等。

苗族服饰多达130种，可以同世界上任何一个民族的服饰相媲美。

苗族是个能歌善舞的民族，尤以情歌、酒歌享有盛名。芦笙是苗族最有代表性的乐器。

这就是苗族，一个古老、文明、讲究礼仪的民族。

【点评吧】

讨论交流：大家觉得这篇演说稿怎么样？

优点：

（1）主题明确，紧扣苗族的特点展开介绍。

（2）内容丰富，条理清晰。

建议：

（1）取舍恰当，重点突出，详细介绍某一部分。

（2）利用思维导图厘清演说的结构思路。

（3）借助PPT图文结合，适当插入视频。

【操练场】

以"多样民族"为主题，运用思维导图画结构，制作PPT图文结合助力演说。

【资料库】

多样民族之傣族（片段）

西夏墅中心小学六（4）班　××轩

傣族人民最隆重的节日是什么呢？当然是泼水节了。在泼水节那天，人们起得很早，不管什么人，都穿上新衣，脸上绽放着笑容，每个人的手里端着一盆清水，喜气洋洋，大家聚在一块，互相泼水，泼出去的不仅仅是水，还是祝福，是快乐，是每个人诚挚的心。这个节日一般持续3到7天。这是关于水的盛会，既然是水，那肯定少不了要赛龙舟了。在这天人们都在岸边驻足观看，龙舟手们头上绑着红布，个个跃跃欲试，随着一声口令，龙舟便如一支离弦的箭，向前冲去，选手们奋勇挥桨，劈波斩浪，勇往直前。泼水节，人们都很快乐！

第4课　电视栏目我介绍

【小讲堂】

当你每天打开电视机时，总会被缤纷的栏目、多彩的内容所吸引。大家都来说说你最喜欢的电视栏目吧！（如《中国诗词大会》《朗读者》《百家讲坛》《快乐大本营》等）

【样板间】

我最喜欢的电视栏目——《动物世界》（片段）

我最喜欢的电视栏目是CCTV-3每晚7：00播出的《动物世界》。收看这个栏目，让我认识了吃人的蟒蛇、敏捷的小猴子、可爱的小老虎、威严的狮子，还有成群结队的野狗……

我知道了豹子是一种威胁性很强的动物。

我印象最深的要数连续5天播放的系列片《猎豹的成长》。猎豹的成长故事中有艰辛、快乐，也有失落、痛苦。

一天，我看了一集《动物世界》，是介绍狮子的。

我希望人类和动物能和谐共处。

【点评吧】

（1）合理筛选材料。

（2）重点突出，详细介绍印象最深的动物即可。

（3）多角度思考，不局限内容。

〔操练场〕

请大家结合范文和课文《麋鹿》，修改这篇演说稿，把麋鹿的介绍融入其中，并尝试练习演说。

【资料库】

我最喜欢的电视栏目——《动物世界》（片段）

西夏墅中心小学六（4）班　××琪

我印象最深的一次节目就是介绍麋鹿的那一期。麋鹿的外形很奇特：角似鹿，面似马，蹄似牛，尾似驴，所以又被称为"四不像"。我国古代著名小说《封神榜》中把"四不像"当作姜子牙的坐骑，更增添了它的神秘。听到这里我已经被它深深吸引。当图片出现雄麋鹿和雌麋鹿时，我被它们友爱的画面所感染。别看它们神神秘秘的，可有着传奇的人生经历呢！据科学家考证，早在3000多年前，我国黄河、长江中下游地区就有麋鹿，但汉朝以后就逐渐减少，再后来竟然销声匿迹。1865年，有人在北京南郊发现了120头麋鹿，可惜被陆续盗往欧洲。1900年，麋鹿在国内几乎绝迹。到1967年，英国贝福特公爵在私人别墅乌邦寺动物园里的麋鹿已增加到400多头。1986年8月，39头选自英国的麋鹿返回故乡，被送到大丰麋鹿自然保护区放养。从此，麋鹿结束了它们大半个世纪在海外漂泊不定、颠沛流离的生活，开始了回归故土、回归自然的新生活。

第5课　我是小小说理家

【小讲堂】

说理，顾名思义就是摆事实、讲道理。回首六年小学生涯，《说勤奋》《谈礼貌》等给了我们很好的示范，今天我们就来学习如何说理，成为一名小小说理家。

【样板间】

谈诚信

西夏墅中心小学六（4）班　×蓉

古人云："君子一言，驷马难追。"意思是：说出口的话，就是套上四匹马拉的车也难追上。是呀，我们应该说话算话，信守承诺。诚信待人是我们中华民族的优良传统。

北宋词人晏殊，素以诚实著称。在他14岁时，有人把他作为"神童"举荐给皇上。皇上召见了他，并请他与1000多名进士同时参加考试。结果晏殊发现试题是自己10天前刚练习过的，于是他如实向宋真宗报告，并请求改换其他试题。宋真宗非常赞赏晏殊的诚实品质，便赐他"同进士出身"。正如俗话所说："诚信者，天下结也。"

有一次，一位顾客到一个小商店买东西，付完20元钱后便离开了。商店老板见他忘拿找回的钱，赶忙跑出去，连店都不顾了。直到追到那位顾客，老板连忙把钱往他手里一塞，说："你的找零忘拿了。"顾客连忙说了声谢谢。用诚信的心去做每一件事，得到的往往不仅是一句谢谢，还有打心底里流露出的佩服！

华盛顿在年轻的时候，父亲送给他一把小斧头，小华盛顿很高兴，想试试看斧头能否砍倒大树，于是他便把花园边上的一棵樱桃树砍断了。父亲看到有人砍断他最心爱的樱桃树，非常气愤，扬言要给那个砍树的人一个教训。华盛顿在盛怒的父亲面前忐忑不安，但是他还是勇于承认了自己的错误。他说："父亲，我做的错事我应该承认，我就是想试试您给我的斧头是否锋利。"父亲被感动了，并且告诉他诚实的品质比一棵樱桃树甚至是几十棵樱桃树都更加宝贵。正如鲁迅所说："不信不立，不诚不行，诚信为人之本。"

人在社会上生活，总要和别人打交道，诚信就是人与人之间相处的桥梁。诚信对待每个人，就能让人与人之间有真诚的交流，社会生活就会更加美好。

【点评吧】

总结：

（1）说理文的结构：提出观点—举例说明—总结观点。

（2）说理文的举例特点：概括性、典型性、递进性、一致性。

（3）说理文如何提出观点：有的是引用，有的是比喻，有的是开门见山……

（4）说理文总结观点：与观点呼应，与事例呼应，简洁凝练，引人深思。

【操练场】

请你以"珍惜时间"为主题，写一篇说理文，并尝试演说。

【资料库】

珍惜时间

西夏墅中心小学六（4）班　××轩

"一寸光阴一寸金，寸金难买寸光阴。"这句名言人人皆知，告诉我们：

时间宝贵，要珍惜时间，合理利用时间。时间既不会慷慨地给我们增加，也不会吝啬地给我们减少。

瑞典化学家、发明家诺贝尔，从小体弱多病，每天都在家里待着。他在家干什么呢？睡觉？错，他在家里看关于炸药的书籍，然后不断地加紧实验，有时甚至忘记吃饭与睡觉，没有一刻是闲着的，最终他成为举世瞩目的科学家。

鲁迅先生读书的兴趣十分广泛，又喜欢写作，对于民间艺术也十分爱好，正因为他涉猎广泛，所以时间对他来说尤为重要，他每天都要工作到深夜才肯罢休……

你看，古今中外所有取得成就的人，不都是懂得珍惜时间，才获得成功的吗？

切记，时间稍纵即逝，时间只会眷顾珍惜它的人。只有靠速度和效率珍惜时间，合理利用时间，才能在现实与理想之间架起桥梁，走向成功。

（新北区西夏墅中心小学　××初）

第六章

小学语文教学中演说能力培养的探索

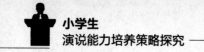

第一节　童话教学中演说能力培养的探索

一、观点概述

　　童话就像是孩子内心世界的神奇的魔法师，带着孩子们千姿百态驰骋在文学的殿堂。它通过丰富的想象、幻想和夸张来塑造艺术形象、叙述故事，它的情节神奇而又跌宕起伏，深受儿童的喜欢。演说是学习童话故事的好方法，童话故事也是演说的好素材。正所谓，童话，舟也；演说，水也。童话故事喜欢采用反复的手法来叙述，这符合7~12岁孩子的言语表达特点，能让演说真实地在童话故事的学习中发生。演说，又让孩子们内化了文本语言，讲清故事、讲好故事，从而使言语能力得到进一步的生长。

二、探索思考

（一）以"讲"导航，让演说悄然发生

1. 妙用插图，扮靓故事

　　教材的插图都是和文本内容匹配的，在童话教学中，教师要巧用插图，加深学生对文本的理解，培养学生的表达力和思维力。讲《小猴子下山》这一课，可以利用插图让学生说说对"掰""扔""抱"等动词的理解。插图，不仅能让学生把故事的发展顺序讲清楚，还可以进一步引导他们观察图片中的细节部分，激发他们的想象力。如西瓜是什么样子的？可以用"又大又圆"这样的词语来形容。这样就把一个故事讲清楚、讲生动了。

2. 抓关键词，"慧"说故事

　　面对篇幅较长、情节丰富的故事，采用抓住关键词分步讲可以取得比较不错的效果。《小马过河》一课中，可以借助课后习题给出的几组关键词，让学

生来讲述故事。抓住关键词，先把每一部分故事讲清楚了，再完整地讲述整个故事。抓住关键词进行讲故事层级练习，学生的演说智慧自然增加了。

3. 借示意图，巧解故事

童话故事情节比较丰富，让学生一下子把故事讲清楚是比较困难的，我们可以借助示意图给他们一个支架，把故事的脉络梳理清楚。如《蜘蛛开店》一课的课后示意图就非常值得教师好好利用，它不仅厘清了蜘蛛三次开店的过程，其中还隐藏了文本的表达结构。用好示意图，给演说插上一双翅膀。

4. 聚焦对比，鲜活故事

童话中经常有对比情节。什么是对比情节？就是故事在前后对比中展开，表现人物形象。教学《巨人的花园》时，教师要引导学生关注花园前后景色的对比，巨人前后态度的对比。对比情节使得童话故事曲折离奇，一波三折。关注对比，可以使学生更好地理解文本的主旨。运用对比演说童话故事，可以使故事变得更加有趣味性。

（二）以"编"促言，让演说拔节生长

1. 仿编，延伸童话的故事力

《课标》指出："要为学生的自主写作提供有利的条件和广阔的空间，减少对学生写作的束缚，鼓励自由表达和有创意的表达，鼓励写想象中的事物。"童话故事独特的言语价值是学生进行仿编的有效途径。教学《雾在哪里》这一课时，可以引导学生发现文本反复手法的表达特点，都是先写了雾去了哪里，说了什么，做了什么，结果怎么样，表达结构是相同的。在此基础上启发学生运用这种结构进行仿写。教学《小壁虎借尾巴》这一课时，教师同样可以借助反复手法，让学生模仿文本的结构，仿写《小松鼠借尾巴》或者《小白兔借耳朵》。在这样的仿编运用中，学生的表达能力得到了极大的提升，进一步提高了演说能力。

2. 续编，推开思维的那扇窗

童话一波三折的故事情节深深地吸引着孩子们。在教学中，不妨通过续编，提升学生的思维力，而思维力也是演说的核心能力之一。教学完《小猴子下山》这一课，教师可以让学生根据结尾，展开想象，续编《小猴子第二次下山》，演绎一场小猴子下山记。在续编中，故事的讲述就具有个性化了，学生的思维也无限延伸了。

童话不仅仅是一个有意思的故事，它还蕴含着巨大的育人价值。一千个读者眼中就有一千个哈姆雷特，在故事续编中，孩子们会有属于自己独特的感悟。续编不仅让孩子体悟童话，也为孩子提供了独一无二的演说素材，演说能力在续编中向上攀升。

3. 创编，握住演说的万花筒

创编童话故事，能进一步提高学生演说的表达力。教师可以抓文中的留白让学生进行创编演说，如教学《蜘蛛开店》一课，可以引导学生想象蜘蛛织口罩的心情变化，这样的留白想象发散了学生的思维，能让童话故事的演说变得更加生动有趣。还可以进行改写，改写故事也是童话创编的一种手段。改写故事可以是某一处的情节，也可以是人物的形象，还可以是故事的结尾。学生在自悟的基础上改写创编童话故事，不仅提升了表达能力，思维能力也得到了发展。除此之外，学生学习完童话故事之后，还可以创编属于自己的童话故事。如学习完《一块奶酪》之后，可以围绕"蚂蚁还会经历哪些不可思议的事情"进行创编，在创编过程中培养学生的演说能力。

（三）以"演"生韵，让演说赋能前行

1. 朗读中演绎，打开演说的播放机

童话故事是儿童化的语言，非常适合朗读。朗读是一种带有个人情感的言语表达。它同样是演说的一种方式，可以帮助孩子们积累文本语言。在朗读中，教师要在适当的时机创设情境，让学生真正融于童话，成为故事中的角色。在学习《棉花姑娘》一课时，教师引导学生想象演说蚜虫爬满棉花姑娘身上时她的心理活动，学生成了"棉花姑娘"，自然就把这个角色读精彩了。学习《咕咚》这一课，可以抓住动物们害怕的心情读好人物语言。从朗读到表演，其实就是内隐到外现的过程。

2. 分角色表演，畅"玩"演说的新世界

儿童天性爱扮演童话故事中的角色，这能带给他们独特的情感体验，达到真正的情思交融。童话表演能让学生成为童话故事中的一员，让他们自然地习得人物的言语表达方式，这是一场绘声绘色的演说。在表演的过程中，可以引导学生关注人物的动作、神态和文中的标点符号，这是对文本的深度理解和综合运用。演说，让文本的密码外显。除此之外，还可以换角色表演，学生扮演不同的主人公，真正走进他们的内心。在教学《小公鸡和小鸭子》一课时，让学

生分别扮演小公鸡和小鸭子，更好地理解文本的同时，也提升了演说能力。

三、课例回放

教学片段一：《蜘蛛开店》（统编版语文教材二年级下册）

板块一：读通故事

（1）出示朗读要求：思考蜘蛛先后开了什么店？用横线画出来。来了哪些顾客？用圆圈圈出来。结果怎么样？用波浪线画出来。

（2）交流大问题：蜘蛛先后开了什么店？谁来把找到的和大家交流一下？

① 正音：口罩编织店、围巾编织店、袜子编织店。追问：你发现了什么？

② 理解学习"编织""决定"。

③ 发现三块招牌的相同点和不同点。

（3）交流大问题：我们知道蜘蛛先后开了三家店，那来了哪些顾客呢？

① 了解顾客的特点。

② 理解学习"买卖"，拓展由反义词组成的词语。

（4）交流大问题：蜘蛛开店，卖了哪些商品，来了这么多顾客，开店的结果怎么样？把你找到的和大家交流一下。

（5）小朋友们，你能看着这张示意图，把蜘蛛卖的商品、来的顾客和开店的结果连起来说一说吗？先自己练一练，然后说给你的同桌听。

（6）小朋友们，再看看这张示意图，从图上你还发现了什么？

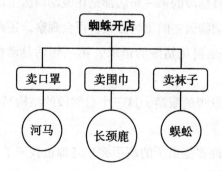

板块二：学讲故事

（1）比较读句子，体会蜘蛛看到顾客的心情的变化：顾客来了，一只河马。/一只河马来了。

（2）创设情境，想象蜘蛛织口罩时的心情：天刚蒙蒙亮，蜘蛛老板就开始织，织啊织，它心里想……

不知不觉，太阳越升越高，蜘蛛老板继续织啊织啊，它想……织啊织，天都黑了，它无数次想……

（3）借助示意图，趣味讲故事。

①借助示意图和关键词练习复述蜘蛛卖口罩的部分，出示讲故事星级要求。

②学生自由准备。

③学生讲故事，互相评价。

课后自评：

儿童天生爱听故事，喜欢讲故事。通过对比一组句子，让学生感悟了句式表达之妙。走进人物内心，让学生和童话里的人物达成情感的共鸣。借助示意图把故事讲清楚是基础性目标，把"卖口罩"的故事讲生动是发展性目标，推荐示范、再次实践、分层评价，促进学生言语表达。

教学片段二：《棉花姑娘》（统编版语文教材一年级下册）

师：小朋友们，课文第3、4自然段，棉花姑娘请了啄木鸟和青蛙给它治病。请你观察一下，它们和课文的第2自然段有什么相同之处。

生：我发现它们都有三句话。

师：你很会发现。都有三句话，再看看每一段的每一句话讲了什么，你们还有什么发现？

生：我发现三个自然段的第一句话都是在说动物医生来了。

师：第一句讲了动物医生的出场方式，很会观察，还有补充吗？

生：第二句话都是棉花姑娘的请求，第三句话是动物医生对棉花姑娘的回答。

师：你有一双会发现的眼睛，这三个自然段的结构是一样的，我们一起来读一读。

师：森林里还有许多捉虫子的高手呢！老师也找来了一些，看一看，你认识吗？想一想，它们会怎么来？棉花姑娘见到它们会怎么说？它们又会怎么回答呢？

生1：小壁虎爬来了。棉花姑娘说："请你帮我捉害虫吧！"壁虎说："对不起，我只会捉墙壁上的害虫，你还是请别人帮忙吧！"

生2：麻雀飞来了。棉花姑娘说："请你帮我捉害虫吧！"麻雀说："对不起，我只会捉树上的毛毛虫，你还是请别人帮忙吧！"

……　……

课后自评：

教师应该发现文本密码，关注童话故事中的反复结构。棉花姑娘请燕子、啄木鸟、青蛙为自己治病的段落构段方式是相同的，这种循环往复的语言表达方式有利于学生对课文内容进行模仿。所以笔者引导学生发现文本的表达方式，创设了森林动物医生的情境，让学生进行仿编，以仿编促进学生的语言运用和建构能力。

教学片段三：《青蛙卖泥塘》（统编版语文教材二年级下册）

板块三：分角色扮演，体悟人物形象

（1）出示活动建议：小组合作，分角色朗读课文第3～8自然段，思考这是一只怎么样的青蛙？

（2）学习小动物的语言。

①分角色朗读（重点引导读出青蛙的吆喝，老牛和野鸭的遗憾）。

②出示老牛和野鸭说的话，发现语言表达特点。

③学生扮演老牛和野鸭。

（3）交流：你觉得这是一只怎么样的青蛙？

板块四：练讲故事

（1）出示青蛙的两次想法，发现共同的秘密：轻声读一读，都是先写什么，再写什么？

（2）选择其中一个故事，讲一讲。

课后自评：

分角色朗读扮演是课堂教学的一种有效方法，不仅重现了故事的情境，学生还通过角色扮演随着故事主人公一起经历了情节，对人物有了更加个性化的解读，知道了语言在特定场景中的运用方式和表达规则，这一切都为童话演说奠定了良好的基础。

参考文献

［1］薛法根.文本分类教学·文学作品［M］.福州：福建教育出版社，2017.

［2］许雪珍.复述：学生言语智能增长的有效训练［J］.亚太教育，2019
　　（6）：125.

［3］郭艳.小学生童话的"读"与"写"［J］.中国教师，2015（10）：
　　65–68.

［4］俞丽君."语用型"课堂构建研究例谈——以部编版《青蛙卖泥塘》为
　　例［J］.读写算，2020（14）.

（新北区西夏墅中心小学　顾静霞）

第二节　叙事文教学中演说能力培养的探索

一、观点概述

所谓叙事文，顾名思义，就是一种以叙事功能为主的文学作品。叙事类文本突出人、物的动作和变化，具有鲜明的人物形象和完整的故事情节。在现行的统编版教材中，叙事类文本占了较大的比重，而且，这类文本蕴含的语文要素又指向学生复述能力的提升，课后习题中也明确指向学生复述的训练，复述是积累语言、发展口语和思维能力的重要路径之一。

二、探索思考

如何用好叙事类文本提升学生的复述能力？笔者在教学实践中展开了积极探索。

（一）链接要点，清晰复述内容

教学中要指导学生结合课后习题，把握叙事文本中的要点，明确复述内容，从而为清晰地复述铺路搭桥。

1. 紧扣关键词句，厘清复述顺序

有些文本中包含或隐含着表示事件或故事发生顺序的词，这一关键信息有助于学生理解文章内容，厘清复述顺序，让学生复述的思路更加清晰。例如，统编版语文教材二年级上册《曹冲称象》一文中，要求学生"读第4自然段，给下面的内容排序，再说说曹冲称象的过程"。阅读课文后，发现曹冲称象的过程有着先后顺序，文中出现了表示称象顺序的"再、然后"，补充隐含的"先"，就可以运用"先""再""然后"这些表示先后顺序的词，把称象的步骤复述清楚。

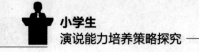
2.聚焦细节描写，再现复述场景

聚焦事件或故事描述中的细节描写，如语言、动作、神态等，可以让事件或故事发生的过程更加清晰化，便于学生再现复述场景。例如，统编版语文教材三年级上册《带刺的朋友》一文中详细描述了小刺猬偷枣的过程，引导学生仔细阅读，抓住爬、归、滚、扎、驮、跑这一系列描写小刺猬偷枣动作的细节，在复述过程中演示小刺猬偷枣动作，手、眼、脑、口并用，在复述中让小刺猬偷枣的过程更清晰，再现小刺猬偷枣的有趣场景。

3.合理想象补充，丰富复述情节

有些文本中对于故事的描写往往留有空白，可以引导学生发挥合理、充分的想象，在复述中加入语言、动作、神态等描述，凸显人物的性格特点，让复述言语充满想象的力量，让故事情节更加丰富。例如，统编版语文教材五年级上册《猎人海力布》一文中关于"海力布救乡亲"的情节，可以引导学生展开想象，海力布会如何劝乡亲，乡亲又会有怎样具体的反应，想象他们的语言、动作、神情等，在丰富故事情节的同时，海力布舍己为人的高大形象更是深入人心。

（二）链接支架，丰富复述方法

在课堂中链接多种支架，如思维导图、学习单的设计、课文插图等，在这些支架的辅助下进行复述，积累丰富复述方法。

1. 思维导图支架

有些文本事情经过复杂或情节曲折，学生特别喜爱阅读，但是在复述过程中存在一定的困难，往往会遗漏部分关键内容。借助思维导图支架梳理事件经过或故事情节，在复述中能把事情经过或情节讲全、讲清。例如讲解《猎人海力布》一文，在复述"海力布救乡亲"故事之前，引导学生通过摘录文中的关键词，完成鱼骨思维导图，梳理这一故事片段中海力布和乡亲在事情发展过程中相对应的表现。学生经历了思维导图支架的建构过程，在思维导图支架的辅助下复述故事，思路清晰，有据可依。

2. 学习单支架

有的叙事性文本中故事或事件发生的过程描述有反复性、相似性，或是在具体展开描述过程中比较复杂，需要借助学习单，厘清文本描述上的特点及具体内容，在讨论的基础上，厘清思路，理解文本内涵，从而进行有深度的复述。例如统编版语文教材四年级上册《西门豹治邺》，文中故事发展的过程都是围绕西门豹"怎么说"和"怎么做"来写的，紧扣课后习题设计学习单，引导学生在小组讨论中从故事发展的过程及西门豹的所言所行完成学习单。依托学习单支架展开文本的复述，复述中见证西门豹惩治恶人的经过，感受西门豹的智慧。

3. 课文插图支架

《课标》指出：要借助读物中的图画阅读。大多数叙事性文本配有生动形象的插图，并且插图与文本内容相吻合。在教学中我们应该充分利用课文中的插图，引导学生观察插图。在复述中，充分借助插图支架，图文结合，提升演说能力。例如统编版语文教材二年级下册《邓小平爷爷植树》，引导学生仔细观察文本中的插图，说说自己的发现，接着学生从文中找出与插图相匹配的文字。在反复熟读的基础上，再次出示插图，让学生给插图配上一段解说词。学生俨然一个个小小解说员，邓爷爷植树的情景便浮现在大家眼前。有效运用插图进行复述，可以培养学生的观察能力和演说能力。

（三）链接情境，创新复述言语

情境的创设能让学生近距离地走进文本、走近人物，从而激发学生复述言语的创新，让复述言语更具生命活力。

1. 角色代入，转换身份复述故事

角色代入，就是引导学生去做文本中人物的"代言人"。将学生变成文本角色，把学生代入文本，使虚拟的语境更具交际性，更符合文本理解的需要。通过角色扮演，抒发人物的心志，发挥想象进行复述，通过言语创新建构言语能力。例如统编版语文教材五年级下册《军神》一文，课后习题要求以沃克先生的口吻讲述军神的故事。学习全文后，了解了整个手术过程中沃克医生和刘伯承的表现，并重点关注沃克医生的内心活动，然后呈现情境：手术后，战友悄悄地前来探望刘伯承，沃克医生激动地讲述着整个过程……讲述过程中，我们会发现学生能把握角色定位，结合内心的感受，从疑惑、生气、震惊到佩服，在大胆想象中尝试运用描述心理活动的语句，在言语创新中丰富了文本的内涵，提升了复述能力。

2. 资料补充，深入了解复述故事

在叙事性文本中加入人物故事、时代背景等补充资料，丰富学生的认知与情感，让学生的复述更具内涵与生命活力。例如统编版语文教材二年级上册《欢乐的泼水节》，讲述的是1961年周恩来总理来到西双版纳，身穿傣族服装，和傣族人民共度欢乐的泼水节的故事。学生会产生一个个疑问，周总理是谁？周总理和傣族人民过泼水节，为什么会让傣族人民永远难忘？老师充满激情地补充关于周恩来总理的一些故事资料及背景介绍，让学生谈谈从这些资料中了解到周总理是一个怎样的人。根据学生的回答，及时提炼关键词，如"勤政爱民""关心百姓"等。接下来，学生在复述故事时就不再是干巴巴地背诵课文，而是将自己了解到的资料以及自己对周总理的认识融入演说中，复述更是深入文本，自然灵动。

三、课例回放

教学片段一：《田忌赛马》（统编版语文教材五年级上册）

板块一：灵活运用，赛事播报

（1）同学们，文中孙膑排兵布阵的方法我们已经弄明白了。那么，如果齐威王也调整马的出场顺序，而你是孙膑，你又会怎样应对呢？请大家拿出学习单，看清要求。

《田忌赛马》学习单要求：

① 如果齐威王调整马的出场顺序，而你是孙膑，要确保胜利，你会怎样应对呢？至少再画出另外一种对阵情况图，如果能画出几种对阵情况图就更棒啦！

② 试着用赛事播报的形式，来讲解一下其中一种比赛情况。

对阵安排：

（2）指名上台播报赛事。

对阵安排：	齐威王	田忌	齐威王	田忌	齐威王	田忌	齐威王	田忌
第一场	中	上	中	上	上	下	下	中
第二场	下	中	上	下	下	中	中	上
第三场	上	下	下	中	中	上	上	下……

（3）同学们，你们再仔细看一看，不同的对阵安排里，你发现了什么？

是的，无论马的出场顺序怎样变换，都是"上"对"下"，"中"对"上"，"下"对"中"，这样就能确保三局两胜。

（4）总结全文：孙膑让田忌取得胜利的因素是什么？（善于思考，善于观察，会排兵布阵）

专家评点：

常州市新北区教育管理服务中心小学语文教研员薛辉：思维的火花跨越时空，照亮昨天、今天和明天。紧扣单元语文要素"了解人物思维的过程"，《田忌赛马》一文中重点要突破田忌在赛马中是如何安排马的出场顺序的。文中给出了一种情况，要想真正领悟到田忌的思维过程，本环节的设计巧妙之处在于借助学习单让学生去思考探讨多种出场安排，以此发散学生的思维，最终又归结为万变不离其宗，以不变应万变的思维。而赛事播报这一新颖的演说形式给予学生别样的演说体验，让学生在播报中思维更加清晰。

教学片段二：《猎人海力布》（统编版语文教材五年级上册）

板块二：复述故事，加入想象

（1）同学们，大家通过合作，弄清楚了故事的情节，接下来，让我们试着用海力布的口吻来复述故事。注意复述时我们要加入想象，想象当时海力布是怎么想的，加上动作、表情，会让故事更加生动、有感染力。

（2）四人小组，轮流复述故事，推选一位同学上台展示。

（3）学生上台展示，展示前，在座的每个同学都是大众评委，出示点评标准：①一颗星：突出人物的心情及人物的形象；②一颗星：故事情节清晰有序、语句通顺；③一颗星：加入想象、动作、表情。

（4）学生点评，再练习，请一位学生展示。

专家评点：

常州市新北区教育管理服务中心小学语文教研员薛辉：学生对民间故事充满着好奇和阅读期待，因为这类故事在叙述过程中往往留有许多空白，学生可以自由驰骋想象，深入故事，走近人物。这一板块的教学设计突出了在复述中加入充分的想象，在想象中与人物对话。大众评委的点评让每一名学生都明白复述的内容中可以根据情节的需要加入人物的心理、语言、动作、神情等细节元素，拓宽想象的空间。

教学片段三：《军神》（统编版语文教材五年级下册）

板块三：角色代入，复述故事

（1）同学们从课文中找出沃克医生的动作、语言、神态描写，说说从中你感受到他的内心变化是怎样的？边读边圈画，并做好批注。

（2）学生交流。发现沃克医生内心变化：疑惑—生气—震惊—佩服。

（3）在小组内练习用沃克医生的口吻讲讲这个故事，注意把握角色，特别要讲清楚内心的变化，可以适当添加心理活动。四人轮流讲述：一人讲述，其他三人从人物的语言、动作、神态、心理活动等方面提出建议。

（4）全班展示，学生交互点评。

课后自评：

角色代入即角色扮演，孩子都是天生的表演家，在语文学习过程中，他们酷爱这一身临其境的方式。这一板块的设计紧扣课后习题展开，用文中沃克医生的口吻讲述故事，过程紧扣人物的语言、动作、神态、心理活动等方面展开，特别关注内心活动。学生在角色代入的复述中，真正去感受人物的内心，触摸刘伯承钢铁般的意志。

教学片段四：《欢乐的泼水节》（统编版语文教材二年级上册）

板块四：借助插图，解说人物

（1）今年的泼水节，傣族人民特别幸福，因为敬爱的周总理要和他们一起过泼水节。仔细观察课文插图，链接课后习题，再次观察插图，从文中找到描写周总理的句子来读一读。

（2）学生交流，并读一读有关的句子。思考，对照插图，这些句子是从哪些方面来写周总理的？

（3）学生交流，教师相机点拨提炼：总理的着装、动作、神态。

（4）小小解说员们，请对照插图试着用上文中的语言有条理地为大家介绍周总理。

（5）学生上台对着放大的插图进行解说，师生点评。

课后自评：

插图的利用，不能仅仅停留在图文对照、理解文本上，还可以将课文插图与复述进行有机的融合。本环节的教学中，教师的目标始终指向学生复述能力的提升，并且充分利用了课文插图资源，为学生搭建"小小解说员"演说平台，引导学生巧妙地在解说中积累言语，锻炼细致观察能力、言语表达能力及逻辑思维能力。

参考文献

［1］王健.叙事素养：叙事类文本教学的价值旨归［J］.语文知识，2017
（20）：49–50.

［2］金海霞.第二学段复述教学支架的优化［J］.教学与管理，2020（2）：
45–47.

（新北区西夏墅中心小学　言红芬）

第三节　写景状物文教学中演说能力
培养的探索

一、观点概述

写景状物类文章是语文学习中一道独具韵味的风景线，它们或描摹山川名胜，或抒写地域景致，或叙述特定事物，或描绘有声有色的大自然，或游览参观，或借物喻人……可以说，在所有的文体中，写景状物类文章最能够展现语文的语言魅力，也是最值得精读品味的对象。写景状物类文章结构清晰、特点鲜明、观察有序、语言优美，可以让学生在学习课文的过程中习得很多提升演说水平的方法。

二、探索思考

（一）学有序观察，为表达奠基

写景状物类文章一般写景精妙，景物特点鲜明，与文章整体氛围相协调，使文章保持统一和谐的风格特点，给读者以美的享受。学生可以在学习写景状物文的过程中习得如何有序观察，为演说打好基础。

有些课文一开头就直接点明了景物的特点，如教学统编版语文教材三年级下册《燕子》一文时，引导学生关注开头第一句话："一身乌黑的羽毛，一双剪刀似的尾巴，一对轻快有力的翅膀，凑成了那样活泼的可爱的小燕子。"其中两个词语点明了燕子的特点：活泼、可爱。又如教学统编版语文教材三年级上册《富饶的西沙群岛》一文时，引导学生关注课题中"富饶"一词已概括出了西沙群岛的特点，也是课文的文眼。这些都与作者观察时紧扣特点有关。

教学写景状物文时，除了要引导学生凭借语言文字把握事物的特点外，还要指导学生学会描述景物的基本方法。教学中，让学生明白写景状物文能够紧扣景物特点进行如此细致的描摹，都是基于作者有序细致的观察。例如教学统编版语文教材三年级上册《搭船的鸟》一文时，引导学生关注文中对翠鸟的描述："多么美丽的小鸟啊！它有一张红色的长嘴，羽毛是翠绿的，翅膀带有一些蓝色，比鹦鹉还漂亮。"作者先整体描述翠鸟的美丽，再具体描写羽毛、翅膀、嘴巴的色彩，这是从整体到部分的观察顺序，这样有序的观察能够让描述更有条理。学生体会之后再顺势进行运用，对其他小动物进行有序观察后描述出来，以此来训练学生有序表达的能力。

除了静态景物的观察外，对于有变化的景物，还可以观察它们的动态变化后再进行描摹。如教学统编版语文教材四年级下册《记金华的双龙洞》一文时，引导学生关注作者运用哪些词语描述了游览的顺序或过程。

学会有序观察，可以为表达奠基，这是写景状物文教学中提升演说能力的第一步。

（二）学谋篇布局，让表达清晰

写景状物类课文从结构上看，以总—分—总、总—分、分—总三种结构为主，这种结构出现在整篇文章或者一个段落中。基于这样的结构特点，总起句、总结句、过渡句、中心句这些重要句子，也是写景状物类文章的语言特色。学习这类课文可以让学生学会如何谋篇布局，让演说结构清晰。如教学统编版语文教材三年级上册《美丽的小兴安岭》一文时，通过分自然段读文可以引导学生发现，课文首先总述小兴安岭像绿色的海洋，然后分述了小兴安岭一年四季的美丽景色，最后总结小兴安岭是一座大花园、大宝库。全文是按"总—分—总"的顺序写的。学生感悟到文章结构后进行运用，当小导游，介绍小兴安岭。情境的设置，让学生兴趣盎然，同时学会了谋篇布局、有序表达，使演说结构更加清晰、更具说服力。

再如统编版语文教材五年级下册《牧场之国》一文开篇就写道："荷兰，是水之国，花之国，也是牧场之国。"总起点题，下面就介绍为什么叫牧场之国。在学完课文后可以进行迁移运用：如果改一改题目，要写《花之国》，那可以怎样进行介绍？引起学生的思考，学生马上就知道开头要进行修改，变成"荷兰，是牧场之国，水之国，也是花之国"。下面再围绕花之国进行描绘，

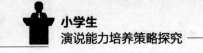

让学生体会到总分结构的运用可以让表达更加清晰。

（三）学语言运用，让表达出彩

写景状物文讲究遣词造句，作者总是扣住景物特点，运用比喻、拟人、排比、夸张等丰富的表现手法，边描写景物，边表达感受，这些为学生积累语言、迁移运用提供了范式。如教学苏教版语文教材五年级上册《黄山奇松》一文时，引导学生关注迎客松和其他奇松的描写，学习修辞手法——详略的准确运用，再仿照这样的写法介绍其他松树。

有的课文用词准确生动，如统编版语文教材三年级下册《火烧云》一文中，"红彤彤""金灿灿""葡萄灰""茄子紫""半紫半黄""半黑半百合色"等一系列描写颜色的优美词语，给读者展现了一幅绚丽多彩的图画，可以引导学生加以积累，运用到自己的演说中。

还有的课文运用动静结合、欲扬先抑、有详有略等写作手法，如老舍先生的《母鸡》（统编版语文教材四年级下册）一文中，引导学生画出作者对母鸡态度前后变化的句子，说说为什么有这样的变化，来体会欲扬先抑手法可以吸引读者的阅读兴趣。在这样的训练下，学生的演说内容将更加生动，吸引听众。

三、课例回放

教学片段一：《搭船的鸟》（统编版语文教材三年级上册）

板块一：聚焦外形特点，有序观察

（1）（课件出示翠鸟的图片）看，这是一只怎样的鸟？你能用一两句话描述一下吗？

（2）课文是怎样描述这只小鸟的呢？谁来读一读？

出示：我看见一只彩色的小鸟站在船头，多么美丽呀！它的羽毛是翠绿的，翅膀带着一些蓝色，比鹦鹉还漂亮。它还有一张红色的长嘴。

（3）同学们，这只小鸟给你留下了怎样的印象？你能用文中的词语来形容吗？

生：美丽。

师：这是一只美丽的小鸟，你是从哪里感受到的呢？

生：它的羽毛是翠绿的，翅膀带着一些蓝色，还有一张红色的长嘴。（课件凸显：翠绿、蓝色、红色）

师：现在，你知道这只小鸟与别的鸟不同的地方在哪里吗？

生：它是彩色的。

师：是的，作者在描写这只小鸟的时候抓住了小鸟颜色的特点，写出了小鸟的色彩美。（板书：色彩美丽）

（4）同学们，这只美丽的小鸟深深地印在我们的脑海中，大家注意到了吗，作者是按照怎样的顺序来描写这只美丽的小鸟的？

生：先写全身的色彩美丽，再写它翠绿的羽毛、带一些蓝色的翅膀、红色的长嘴。

师：对，这就是从整体到部分的观察顺序。作者先整体描述小鸟的色彩美丽，再具体描写羽毛、翅膀、嘴巴的色彩，这是一种有顺序的观察，这样有序的观察，让我们的描述更有条理。（课件出示：整体、部分）

师：我们在观察事物外形的时候，也可以按照从整体到部分的顺序来观察，这就是有序观察。（板书：有序观察）

（5）活动：（课件出示图片）同学们，老师给你们带来了两只动物朋友，请你选择一种小动物，按照从整体到部分的顺序，在四人小组里说说它的样子。请听好老师的要求：小组内一个同学在说的时候，其他同学都是小评委。一会儿，小组内推选一个说得最好的同学来代表小组发言。

老虎穿着一件黄黑相间的皮袄，可威风了。_____

小白兔浑身雪白雪白的，真可爱呀！_____

课后自评：

《搭船的鸟》这个片段教学中，先让学生体会如何紧扣特点进行有序观察，再通过设计介绍其他小动物的教学活动来进行内化运用。从学生后来演说的呈现，可以看出也都有了这样的意识，文章采用结构教学方法，使学生掌握了该如何抓住特点对事物进行有序介绍，提升了他们的演说水平。

教学片段二：《黄山奇松》（苏教版语文教材五年级上册）

板块二：品读迎客松

师：同学们，你喜欢哪棵松？请你来说说它奇在何处？

生：我喜欢迎客松。迎客松奇在姿态。

师：找找关键词句，你是从哪儿感受到它姿态的奇特？

生："姿态优美""有一丛青翠的枝干斜伸出去，如同好客的主人伸出手臂"，从这些词句中，我觉得迎客松姿态特别奇，因为普通的松树的枝干不是

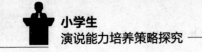

这种样子，不可能像手臂一样。

师：在这里，作者又是怎样将迎客松的姿态写得如此活灵活现的呢？

生：运用比喻、拟人的修辞手法。

师：是啊，这就是修辞的魅力，迎客松还有"奇"的地方吗？

生：我觉得迎客松生命力顽强，也是很奇特的。

师：你从哪个词读出来的？

生："饱经风霜"。

师：（点红"饱经风霜"）"饱经风霜"什么意思呢？

生："饱"是足足的，充分；"经"是经历；"风霜"指的是艰难险阻。

师：我们一般把"饱经风霜"用在什么人身上？你能造个句子吗？

生：在他那饱经风霜的脸上写满了人生的沧桑与艰苦。

师：说得很好！同学们，你们看，从这张布满皱纹的脸上就可以看出这位老人饱经风霜。在这里，作者却赋予了迎客松人的情感，你可以体会到什么呢？

生：迎客松也经历了许多困苦，很不容易。

板块三：品味千姿百态的松树

师：同学们，玉屏楼前的这三棵奇松是黄山最具代表性的，其实黄山上还有许许多多千姿百态的松树，谁来当当小导游带领我们去看看其他的松树？指名读第3自然段。

师：这位小导游真棒！那么游客朋友们，黄山的松有哪些姿态呢？

生：它们或屹立，或斜出，或弯曲；或仰，或俯，或卧；有的壮如黑虎，有的形似孔雀。

师：是啊，这么多姿态，用一个词语概括就是——千姿百态。同样是写松，三大名松作者是细细描摹、娓娓道来，其他的松树就一笔带过了，这样的写法叫——有详有略、详略得当。（板书：详略得当）

师：那仅仅只是你们说的这些姿态吗？（生：不是）你从哪里看出来的？（生：省略号）

师：是啊，你们说得真好！那你想不想看看其他奇松？（生：想）（播放PPT）

师：正是因为有这些奇松，它们装点着黄山，才会使得黄山更加神奇，更加秀美。

师：正是因为有这些奇松，它们装点着黄山，才会使得黄山更加神奇，更加秀美。

师：是啊，黄山奇松，破石而生，苍劲挺拔，那姿态美得奇，那顽强不屈的品质奇得绝，那我们一起再来赞颂下黄山奇松，齐读课题。

板块四：演说操练场

师：同学们，刚刚我们看了那么多种黄山奇松，你一定有印象深刻的，请你将它们写下来，写出它们的姿态，想想它们名字的由来，加上丰富的想象。看谁写得最生动。

师：谁愿意来介绍下你笔下的黄山奇松呢？

指名进行演说。

学生演说稿节选：

黑虎松高大苍劲，气势雄伟。几百年的沧桑并未磨去它的凛凛虎气，反而使其冠盖浓绿近黑。乍一看，就是一头黑虎卧于坡下，转瞬间，黑虎消失不见，留下一棵苍翠古松张牙舞爪，狰狞威猛。孔雀松虽不如黑虎松威猛，却也昂首挺立。雀首向东方伸出，翅膀欲展，长长的尾羽披在身后，英姿飒爽。凤凰松两条枝干平分成四股，神似"百鸟之王"凤凰。

课后自评：

《黄山奇松》这篇写景状物文可以挖掘的地方很多，如谋篇布局的结构、全文紧扣"奇"的特点来描写、遣词造句的巧妙等。此处节选的教学片段重点学习作者比喻、拟人、详略等手法的运用，在学完课文之后进行迁移运用，介绍其他奇松，从学生最后演说稿的内容来看，能够准确地从奇松的名字，生动形象地表达出奇松的特点来。不光能运用修辞手法，详略得当地介绍，文章也受到很多四字词语的影响，使得演说质量很高、效果较好。

参考文献

［1］钱瑾.浅谈写景状物类课文的教学［J］.小学科学·教师，2014（1）：74.

［2］薛法根.文本分类教学（实用性作品）［M］.福州：福建教育出版社，2016.

［3］王凤芳.小学语文写景状物类课文的言语实践初探［J］.基础教育研究，2017（12）：63.

（新北区西夏墅中心小学　杨芸佼）

第四节　说理文教学中演说能力培养的探索

一、观点概述

　　《课标》强调：具有日常口语交际的基本能力，学会倾听、表达与交流，学会运用口头语言文明地进行人际沟通和社会交往。可见，小学生演说能力培养势在必行。说理文以议论为主要表达方式，通过摆事实、讲道理来阐明观点或主张，论据充分，论证合理，逻辑严密。演说指学生在认真倾听和运用所学语言知识的基础上，让思维外显，以有声语言为主要手段，以体态语言为辅助手段，围绕某一核心主题自信、清楚、有理有据地表达自己的观点和见解。从苏教版到统编版教材，说理文占比较低，但是思维含量高、运用价值大，特别对小学生演说能力的培养起着重要作用。两者在内容、形式和语言风格上不谋而合。内容上言之有物，说理内容聚焦学生人格形成、价值实现等，演说主题紧贴学生生活，弘扬正能量；形式上言之有序，说理思维逻辑清晰、层层递进，演说有理有据、渐入高潮；语言风格上言之有法，说理语言概括性强、感染力强，演说语言娓娓道来、铿锵有力。

二、探索思考

（一）拓说理内容，定演说主题

　　纵观苏教版与统编版小学语文教材，苏教版编排《说勤奋》《陶校长的演讲》《滴水穿石的启示》《谈礼貌》《学与问》《学会合作》，统编版编排《真理诞生于一百个问号之后》《为人民服务》和新出现的"文言文说理"，如《两小儿辩日》。从内容角度看，说理文聚焦学习、中华礼仪文化、精神品质、人际关系、追求真理等，总体而言是引导学生关注人格形成与价值实现。

从形式角度看，说理文有的侧重道理论证，在阐述道理中让人备受鼓舞，类似演讲稿，如《陶校长的演讲》《学会合作》《为人民服务》。"文言文说理"是一种新型形式，侧重针对生活中的现象进行讨论发表个人见解，如《两小儿辩日》。其他多数侧重举例论证，借助典型事例来增强说服力。

演说的主题选择具有丰富性与灵活性，可来源于课本，也可来源于生活，贴近儿童现实生活中的所思所想。我们根据说理文拓宽话题，挖掘教材中与生活中的教学资源，整合成丰富的演说主题内容，激发学生演说的兴趣。例如，关于学习的《学与问》拓宽话题"说习惯""论读书"等，关于中华礼仪文化的《谈礼貌》拓宽话题"论诚信""谈团结"等。

（二）觅说理思维，绘演说框架

叶圣陶先生曾说："实用文教学应该培养学生的聚焦思维，即能够从文章的写作章法理解文本，然后用这种写作章法进行阅读和写作学习。"说理文结构严谨，一般是"提出观点—论证观点—总结观点"。事例典型，层层递进，事理一致，体现作者严密的逻辑思维。我们教学说理文时不仅要引导学生明白作者阐述的道理，还要引导他们捕捉作者的思维路径，学习如何提炼观点，如何选择事例层层论证，如何总结观点，并运用到写作中。演说稿的撰写是自信、准确演说的基础，而一篇演说稿的形成也是学生思维品质的外显。在寻觅说理思维的过程中，学生自然形成演说思维，完成观点鲜明、事例典型、逻辑严密的演说稿。

1. 思维引力，促观点深入人心

观点就是文眼，抓人眼球。如何确立演说稿的核心观点，让人一下子就能记住你想要表达的观点呢？纵观说理文提出观点的方式，我们发现方式有两种：一种是开门见山，如《真理诞生于一百个问号之后》开头直接表明观点。另一种是运用修辞，如《说勤奋》通过设问的方式告诉我们观点是"勤奋是通往理想境界的桥梁"，《滴水穿石的启示》通过引用"水滴滴穿石块"这一自然现象的方式引出观点，还融入了反问的修辞手法强调了观点。在执教说理文时，我们不仅要找到观点，更要寻找作者在表达观点时内隐的思维。例如执教苏教版语文教材五年级下册《谈礼貌》时，笔者引导学生学会运用"扣题目、抓开头"的方法寻找观点，学会引用名言警句提出观点，并将思维引向深处，发现观点是关于礼貌行为与礼貌语言两个方面。

剖析了思维，习得了方法，让观点确定变得容易。在演说"功夫不负有心人"这一主题时，有的学生开门见山地说："付出就会有回报。"有的学生引用名言警句："勤能补拙是良训，一分辛苦一分才。"有的学生运用设问："世上成功人士靠什么获得成就？是下功夫。"提出观点的形式多样，丰富语言表达，也让演说稿充满理趣。

2. 思维定力，使论证层层递进

论证是武器，让人佩服。如何让你的演讲有理有据、层层递进、渐入高潮，让人完全被你说服呢？这就需要发现说理文作者论证中的逻辑思维，学会论证观点的方法。纵观说理文的说理方法，有的是道理论证，如《陶校长的演讲》从四个角度讲道理，循序渐进，理由充分。有的是正反论证，如《滴水穿石的启示》中雨水的反面例子，正反对比论证更有说服力。有的是比喻论证、对比论证，如《两小儿辩日》中第一个小孩从视觉角度用面积大小相比，第二个小孩从触觉角度比较人在不同时间冷热的感受。其他多数都是举例论证，事例典型、事理对应、层层递进。例如，《谈礼貌》三个事例分别对应三种情况：有求于人、有愧于人、人愧于我，境界越来越高，由易到难，层层递进。

一般情况下，我们用对比阅读的方式引导学生比较事例，发现说理论证的思维与方法并运用实践。这样，学生写演说稿时一般都能做到有理有据地讲解，紧扣观点选取典型事例，注意叙议结合、以理服人、层层递进，将演说一步步推向高潮。

3. 思维发力，让总结掷地有声

总结是涟漪，发人深省。如何让演讲到最后仍有余音绕梁、意味深长的效果？这需要我们学习说理文结尾的简短精练而发人深省。我们发现说理文的结尾一般都会呼应文题、强调观点、提出号召。例如，一位学生的演说稿《珍惜时间》开头提出观点："'一寸光阴一寸金，寸金难买寸光阴。'是的，时间宝贵，要珍惜时间，合理利用时间。时间既不会慷慨地给我们增加，也不会吝啬地给我们减少。"结尾这样写："切记，时间稍纵即逝，时间只会眷顾珍惜它的人。只有靠速度和效率珍惜时间，合理利用时间，才能在现实与理想之间架起桥梁，走向成功。"在写演说稿的结尾时灵活运用多种方法，让自己的演说一气呵成。

学生学习说理论证的思维，发现作者提出观点、论证观点、总结观点的方法并加以运用，逐渐明晰一篇演讲稿的基本结构与思维路径，撰写能力与表达能力在不断的语言加工、布局谋篇中获得提升。

（三）品说理语言，学演说技巧

说理文语言与记叙文、散文相比在表现力方面显然不具优势，说理文通常没有清晰的人物描写，没有完整的故事结构，没有跌宕起伏的情节，没有引人入胜的细节……语言表达更多地体现出以下特点：①概括性；②递进性；③互动性。演说技巧一般分为两个方面：①有声语言表达：发音、语调、语速、停顿等；②无声语言辅助：眼神、姿势、手势、站位等。针对不同的语言特点则需要学习运用不同的演说技巧来提升演说效果和水平，也给予学生评价提升的契机。

1. 概括性语言，字正腔圆地演说

说理文语言概括性强，列举的事例简洁，基本没有细致的描写，与观点无关的内容不做赘述。例如《谈礼貌》中三个事例都是围绕"礼貌行为和礼貌语言"来写的，与言行无关的不多描述。例如在教学《滴水穿石的启示》时，品读李时珍的事例，对比记叙文《李时珍夜宿古寺》，笔者让两位同学对比讲述李时珍的事例，学生倾听后评价，发现记叙文描写细致，把他在编写《本草纲目》时遇到的困难以及克服困难的过程都生动地描绘出来，而说理文中的事例则只用了六十几个字简短有力地写出了他的坚持不懈、持之以恒，接着适时地练习转化事例。他们发现说理语言在表达时需要语音、语调平稳自如，字正腔圆地娓娓道来，眼神坚定、站姿沉稳，不需要来回走动。

2. 递进性语言，抑扬顿挫地演说

说理文语言具有很强的递进性。例如《谈礼貌》借助叙议结合的方式，叙事后加上议论的话语，让说理更有力。又如《为人民服务》运用关联词的方式，层层铺开，条理清晰地阐述正确对待批评的问题。再如《滴水穿石的启示》运用反问的修辞方法，突出强调了成功需要有"滴水穿石"的精神。教学时遇到此类语言，笔者引导学生对比阅读，去掉修饰词读读看有什么效果，学生在对比思辨中交流评价，逐渐明白在演说中应该注意语调的抑扬顿挫，有变化、有停顿，需要强调突出的地方提高音量，适时地借助手势，让演说渐入佳境，逐步走向高潮，引发听众的共鸣。师生互评反馈后再及时地进行练习巩固，习得演说技巧。

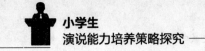
3. 互动性语言，自信灵活地演说

说理文以交流观点、说服他人、提升论说能力为目的，说理和对话都是一种人际互动，关注说理的对象，不仅要有逻辑，还要有热情，打动他人。所以它的语言有互动感。例如《学会合作》中，"你瞧，指挥家轻轻一扬手里的指挥棒，悠扬的乐曲便从乐师的嘴唇边、指缝里倾泻出来，流向天宇，也流进人们的心田"，"你瞧"一词拉近了演说者与听众之间的距离，这种互动引发了共鸣。在演说时，我们指导学生运用这些互动性语言，如"你看""你们应该有过类似的体验""你们觉得呢"等，辅助微笑、点头等表情动作，拉近彼此之间的距离，增强演说的感染力。

说理文的语言表达需要一种冷静、明朗、坚定、有力的情理味。演说技巧的习得需要在语言品悟中逐步形成独特的语感，让演说效果达到最大化。

总之，我们需要打通说理文与演说能力培养之间的桥梁，紧扣说理文文体特点，挖掘说理思维，开拓演说主题，绘制演说思路，学习演说技巧，便能实现言语实践与思维能力齐发展，在循序渐进中提升学生的演说能力。

三、课例回放

教学片段一：《为人民服务》（统编版语文教材六年级下册）

师：同学们，哪一个小组来回顾一下课文围绕"为人民服务"这个核心观点谈了几个方面的内容？

生1：如何对待死亡？——树立正确的生死观。

生2：如何对待批评？——坚持好的，改正错的。

生3：如何对待困难？——看到光明，提高勇气。

生4：如何对待同志？——互相爱护，追悼哀思。

师：说得很完整。毛主席的这篇演讲稿主题鲜明、层次清晰。如果我们现在根据这篇课文选择一个话题来演说，你会从什么角度选择话题呢？小组讨论交流。

组1：我们组想选择"谈人生价值"这一话题，文中司马迁的名言让我们深有感触，我们应该明白如何实现自我价值。

组2：我们想选择"谈奉献"这一话题，文中的张思德有奉献精神，热爱革命事业，这让我们想到很多牺牲的革命烈士的事迹，他们用血肉筑起祖国的强大与复兴之路。

组3：我们想谈谈"坚强"这一话题，现在的孩子耐挫力差，遇到事情容易崩溃，经常有学生跳楼事件发生，触目惊心，所以这很有讨论意义。

组4：我们想说说"团结"，毛爷爷强调战士们要互相爱护，这让我想到疫情之下的中国，是齐心协力抗疫让大家走出困境。这话题值得交流。

师：同学们从课文与生活出发，从多角度思考，想到了很多话题。接下来，大家就选择自己最感兴趣的话题去收集相关事例并尝试写一写演说稿吧。

课后自评：

兴趣是演说的基础。教师引导学生从说理文中找演说话题，联系生活，选择自己感兴趣的话题准备材料，发表个人观点与见解，无疑为演说打开了一扇门。

教学片段二：《谈礼貌》（苏教版语文教材五年级下册）

师：请大家精读第二至四小节，从四个方面展开思考：一看人物，二辨事例，三找道理，四悟方法。小组讨论交流，代表发言。

组1：人物有岳飞和牛皋、女青年和小朋友、朱师傅和周总理，有古人和今人、小孩和大人、百姓和伟人，涉及范围很广。

组2：我们组也发现了这一点，作者选取的事例很典型。选取典型事例能使观点令人信服。（板书：事例典型）

师：那么能否调换三个事例的位置？同桌讨论，说说理由。

组3：位置不能调换，因为三个事例分别对应了在三种情况下有礼貌：有求于人、有愧于人、人愧于我。这样论证给人感觉说服力越来越强。

师：是的，说理文事例的递进性。（板书：层层递进）

师追问：作者仅仅举了事例来谈礼貌吗？还写了什么？

生：我发现作者除了写事例之外，还在每件事例后面写了一个道理。

师：大家再去读一读，比较三句道理有何异同。

组4：我们组发现第一个引用俗语来表达，第二个用比喻来论证，第三个用关联词"不但……而且……"从两个方面总结，都紧扣"礼貌"来展开，叙事内容和议论道理也紧密相关。

师：这就是说理文事与理的一致性。（板书：事理对应）

师：谁来总结一下说理方法？

生：说理时采用典型事例、层层递进、事理对应的方法，增强了说服力。

课后自评：

通过对比阅读，引导学生一看人物，发现事例的典型性；二辨事例，发现事例的递进性；三找道理，发现事例的一致性；四悟方法，发现说理的巧妙性。这样，在类比思辨中提升了学生的逻辑思维能力。

参考文献

［1］中华人民共和国教育部.义务教育语文课程标准（2011年版）［S］.北京：北京师范大学出版社，2012.

［2］薛法根.文本分类教学（实用性作品）［M］.福州：福建教育出版社，2016.

［3］陆琴艳.破解说理文教学的密码［J］.七彩语文·教师论坛，2018（4）：10–11.

［4］姜树华."理智"地学：小学说理文的教学逻辑——以《滴水穿石的启示》（苏教版语文教材第九册）教学为例［J］.语文世界·教师之窗，2016（11）：47–49.

（新北区西夏墅中心小学　唐颖初）

第五节　诗歌、诗词教学中演说能力培养的探索

一、观点概述

随着课程改革的逐步深入，小学语文统编版教材在编排方面发生了显著的变化，诗歌的比例大幅提升，整个小学6年12册教材一共选了124篇优秀的古诗文和28篇优秀的现代诗。

诗歌是具有显著标识的文学体裁，文体特点鲜明而独特，概括起来主要有以下四个方面：形式分行，语言凝练，节律鲜明，意象生动。

诗歌具有独特的育人价值，主要体现在以下几个方面。

1. 文化传承

中国是一个诗的国度，阅读诗歌就是对民族文化的一种浸润和传承。诗歌中的意象文化、精神文化、语体文化塑造了每一个中国人隐形的民族身份。

2. 涵养情思

情感是诗歌的灵魂，阅读诗歌就是一次又一次的情感体验之旅。对学生的情感发育而言，诗歌有它独特的价值：可以丰富学生的情感，培养学生的诗情；可以滋养学生的性情，形成学生的诗心；可以升格学生的情怀，使其成为诗化的人。

3. 激活想象

诗歌跳跃的结构、凝练的语言、生动的意象，让它同绘画、音乐等艺术形式一样，具有十分广阔的想象空间。因此，诗歌是培养学生想象力的重要途径。

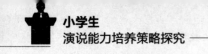

4. 敏锐语感

语感是对语言文字最直接的感觉，它主要在日常反复的阅读中形成。在诗歌教学中，学生经常会接触到诗歌在语言形式上的特殊排列组合，在语言使用中的"二度提纯"，这种语言上所带来的陌生感、新奇感，会对学生的语感带来潜移默化的影响，对诗歌语言咬文嚼字的体验方式，也会让学生对语言的感觉变得敏锐。诗歌是语言最为凝练、思想最为深奥、理解难度最大的一种文学体裁。不管是古代诗词还是现代诗歌，对于小学生来说理解起来都是极其困难的，因为古诗词概括含蓄，又远离学生生活，现代诗歌则思维活泼跳跃，形象天马行空，形式自由灵动，所以都给学生的阅读理解造成一定的障碍，无形中也为教学设置了屏障。当前，小学语文诗歌教学中存在着很多问题，如教学目标以解词释义为主，学生被动识记；教学方法以教师讲解为主，学生自主参与不足；效果评价以背诵默写为主，学生兴趣索然。一堂课下来，学生对古诗词传达的意象、意境、情感的理解都停留在粗浅层面。学生学习兴趣不高，学习增量不明显，直接导致学生怕学古诗、教师怕教古诗的局面。

演说——通往诗歌教学内核的途径。我们努力把握不同学段的教学目标和要求，认真解读每一课的语文要素，适时调整课堂教学的方法，将演说引入诗歌教学，让学生在学习语言的同时，提高对诗歌的赏析能力，得到中华文化的熏陶，彰显诗歌教学的深度、厚度和温度，为学生以后学习诗歌奠定一定的基础和培养一定的学习能力。

二、探索思考

（一）反复诵读，亲近诗歌

诗歌读起来抑扬顿挫，具有音乐美。格律诗整齐，有一种对称之美，平仄、韵律带来一种朗朗上口的节奏之美；词的长短句式，又不乏错落变化之美；现代诗则在形式上更加自由，语序排列往往出人意料，内在情绪变化具有跌宕起伏之美。这些美感只有动之以口、诵之于声，才能领会于心。

古人云："书读百遍，其义自见。"诗歌教学最经济也最有效的方法就是朗读。诗歌教学，首先应该放手让学生尽情地去诵读、吟咏。诗歌的诵读，需要教师专业的指导，指导平仄韵律，指导正确停顿，还需要指导学生关注内在情绪的变化。

常用的朗读方法有学生自由读、一联一联接龙读、男女生对读、全班齐读等。通过多种形式的朗读，读准字音，整体感知，再让学生结合注释等，边读边初步感知诗意。也可以让部分学生朗读，其余学生听读，师生评读等，适时表扬点拨，实现有情趣的朗读。若条件允许，还可以配乐诵读，根据内容配以合适的音乐，在读的过程中感受诗歌的画面美、语言美和音韵美。

（二）想象说话，丰富诗歌

诗歌是留白的艺术，讲究"言已尽，意无穷"，诗歌的凝练、概括、跳跃，给读者以无尽的想象空间。教学过程中要充分启发学生的想象力，让学生根据已有的知识、经验等进行广泛的想象与联想，让诗歌内容变得更加具体，让"空白"变为多姿多彩的立体图画，再现诗歌的意境，获得美的享受。而分享想象的过程也是演说的过程，诗歌中的"空白"被学生想象得越具体、描述得越清晰，教学的广度与深度就越得以增强。由此可见，诗歌教学也能很好地培养学生的演说能力。

想象的展开，需要一些支架来支撑，通常可借助以下支架引导学生想象。

1. 借助事物展开想象

对于诗歌的学习，我们不能仅仅满足于字面上的理解，而要在对诗歌内容、意境正确把握的基础上，引导学生抓住诗歌中描绘的景物，经过合理想象，产生如见其人（物）、如闻其声、如临其境的感受，与作者的思想感情相交融，引发自身的激荡情怀，在脑海中产生具体的意象。

2. 借助插图展开想象

课文中的插图具有形象、生动、鲜明的特点，能吸引学生的注意力，产生良好的学习情绪，引领学生曲径通幽，从而使学习顺利进行。在诗歌教学过程中，如果用好插图，便能积极有效地调动学生的学习情绪，降低理解难度，提高审美能力，对培养学生自主学习诗歌的能力起到事半功倍的作用。

3. 联系生活展开想象

诗歌教学，教师要善于激活学生的生活体验，并援引到课堂教学过程中，使之和诗歌的情境相契合，从而拉近学生和诗歌的距离，引领学生感悟书本和生活原来可以如此近距离。让诗歌走进学生的生活，就能调动学生学习的积极性与主动性，主动参与学习过程，在学习吸收过程中建构自己的认知体系，加深对诗歌的理解。

（三）述创故事，感悟诗情

"诗言志"，诗歌是抒情的语言艺术，诗人往往通过叙事、写景、状物、咏史来抒发情感，准确鉴赏诗歌的关键在于体会诗人表达的思想感情。但是，诗歌尤其是古诗词，隔着千年的时光，而且言简义丰，学生读起来会有"隔"的感觉，不容易走进诗人的心灵，难以体悟诗中之情，教师可通过述创故事，帮助学生读懂古诗词。

1. 讲述背景故事，助力理解古诗词

朱光潜先生曾这样论诗："要懂得诗词，一定要会知人论世。孤立地看一首诗词，有时就很难把它懂透。"这里所说的"知人"就是指体味诗情时要联系诗人的个人境遇，"论世"即指体味诗情时还要联系诗人写作的社会政治背景。教学一首古诗词，教师需带领学生走近一位古人，了解一段生活，讲述一段历史，触摸诗歌的灵魂，回到诗人创作诗歌的情境之中，才能同诗人同喜同悲、同歌同叹。例如《赠汪伦》中李白与汪伦的传说故事，《村居》中作者辛弃疾的人生理想，《望天门山》中年轻的李白25岁出蜀时的天真烂漫、满怀豪情，等等。

2. 创讲"文包诗"，促进内化古诗词

苏教版小学语文教材中针对古诗教学难点，创生出一种新型的教材形式——"文包诗"，即以通俗易懂的文字解说古诗的来历、背景、内涵等。中高年级学生学习古诗词时，教师也可引导学生创作"文包诗"，把一首古诗巧妙地包含在一个饶有趣味的小故事中，根据古诗的内容，生动地介绍与这首古诗紧密相连的背景知识、作者情况以及创作本诗时的具体情境。"文包诗"是对古诗的重点内容、深远意境进行形象的再现，对古诗中个别比较生僻的词语和费解的诗句也相机做出贴切自然的通俗解说，这样避免把一首古诗解读得支离破碎，提升了学生的语文素养，发展了学生的语言修养。

三、课例回放

教学片段一：《渔歌子》（苏教版语文教材六年级下册）

想象，飞向诗歌王国的翅膀。

师：同学们，读了这首词你有什么感觉？

生：我感觉这首词写得很美。

师：是啊，都说"诗如画"，这首词也是一幅美丽的画。请同学们快速默读一下这首词，看看词中有哪些景物？找一找，圈画出来。（生默读课文，找、圈词，师巡视）

师：好，已经有同学找到了，下面我们来交流交流，你们都在词中找到了哪些景物？

生：我找到了西塞山、白鹭、桃花、流水、鳜鱼、斜风、细雨。

师：你们读到了这些景物，那么你们看到这些景物没有？它们是什么样的呢？

生1：我看到了连绵起伏、郁郁葱葱的西塞山。

生2：我看到了自由翱翔的白鹭。

师：让我们看到了白鹭的动态，真棒。

师：谁能把西塞山、白鹭连起来说一说？把你们刚才说的这些都用进去。

生1：在云雾缥缈的西塞山前，白鹭自由自在地飞着。

生2：在翠色欲流的西塞山前，一只只白鹭在展翅翱翔。

师：你的描述让我想起了杜甫《绝句》中的一句诗——

生：一行白鹭上青天。

师：真不错！青山、白鹭，一动一静，是一幅明丽、和谐的远景图。

师：那近处还有哪些景物呢？

生：还有婀娜多姿、争奇斗艳、粉红的桃花。

师：桃花开在哪里呢？

生：婀娜多姿的桃花在清澈见底的小溪旁盛开着。

师：接着说，溪水是怎样的？

生1：溪水清澈见底。

生2：我觉得溪水应该是碧绿的，因为青山倒映在溪水里，所以水也变绿了。

师：这位同学和作者一样，关注到了颜色，青的山、粉的花、白的鸟、绿的水，好一幅色彩绚丽的图画呀！

师：小溪里还有什么呢？

生：小溪里养着肥美的鳜鱼。

师：想象一下，水中鳜鱼在干吗呢？

生1：肥美的鳜鱼正悠闲地游来游去。

生2：肥美的鳜鱼正在小溪里游泳比赛呢。

生3：风儿一吹，几片桃花落到了小溪里，鳜鱼把它当伞，顶着花瓣玩耍。

师：说得太棒了，这幅画都变活了。看着眼前这美景，桃红与水绿相映，我们想象着画面来一起读读。

生：桃花流水鳜鱼肥。

师：边读边想象画面可是学习古诗词的好方法呀！

师：读着读着，我似乎觉得这画面中还有一些声音，来，静静地，让我们走进这画面中——（师配乐朗读）你们仿佛听到了什么？

生1：我听到了潺潺的流水声。

生2：我听到了清脆的鸟鸣声。

生3：我听到了"哗啦"一声，一条鳜鱼跃出水面。我还闻到了花儿的香味呢！

师：真是有声有色的画面哪！（音乐起）从你们陶醉的眼神中，我看到你们心中的画面了，静静地想一想，一会儿用你最美的语言把这幅画完整地描绘给大家听。

生1：一条清澈的小河从西塞山前流过，两岸开满了粉红的桃花，远远望去，就像一片粉红的云彩，丝丝缕缕的香气弥漫在空中，连空气都变香甜了。微风吹过，片片桃花飘离了枝头，在空中飘荡盘旋，跳起了绝美的舞蹈。有的花瓣飘进水中，引得水中肥美的鳜鱼探头追逐，好一幅美丽的图画呀！

生2：青翠葱茏的西塞山静静地矗立着，山间缭绕着层层白雾，像是为西塞山披上了一层神秘的面纱。微风卷动着雾气扫过人的脸庞，带来一股潮湿的花草的气息。一群白鹭在山前自由地飞翔，它们时而在空中优雅地盘旋，发出一两声鸣叫；时而俯冲入水中，迅捷地叼起一条活蹦乱跳的大鱼，然后悠闲地去享受自己的美餐。

师：同学们真了不起，短短的27个字通过想象，成了那么美丽的画面，难怪张志和的好友唐代大书法家颜真卿这样称赞道："词中有画，画中有词。"

课后自评：

《课标》提出：阅读是利用语言文字获取信息，认识世界，发展思维，获取审美体验的过程。阅读教学应该是学生、教师、文本、教科书编者之间的对话过程。唯有如此，文字才有生命力，教学才真正灵动起来，学生才能真正走向语文实践，获得审美体验。此案例中的教师循循善诱，引导学生从颜色到声音、动态，多维联想，用自己的语言再现当时的情境，不仅加深了学生对词句的理解，体会了词的意境，也锻炼了他们的口头表达能力。

教学片段二：《渔歌子》（苏教版语文教材六年级下册）

讲述背景故事，触摸词之灵魂。

师："斜风细雨不须归"，"不须归"是什么意思？

生："不须归"就是不想回去。

师：为什么"不须归"？

生1：因为这里风景如画。

生2：因为这里有肥美的鳜鱼。

生3：因为只是"斜风细雨"，还有"青箬笠、绿蓑衣"，所以不需要回去。

师：还有其他原因吗？如果我们了解词人的生平，会有更多的发现。课前老师布置大家去查阅作者资料，了解创作背景，有谁能介绍一下吗？

生1：张志和不仅是诗人、画家，还精通音律。16岁写折子给皇帝，写的是治国良方，皇帝很喜欢，赐名"志和"，后来因事被贬，从此再也不做官，不愿意看到官场上的明争暗斗，不愿意和贪官污吏同流合污，所以隐居在太湖一带，扁舟垂钓，自称"烟波钓徒"。

生2：我还知道他的哥哥张松龄怕弟弟隐居不回家，作了一首词——《和答弟志和渔父歌》。

师：谢谢两位小博士，跟我们分享了这首词的背景故事。我们一起来看看张志和哥哥张松龄作的这首词（PPT呈现），自己读读，看看你都读懂了什么？

师：你读懂哥哥的心声了吗？

生：哥哥在叫弟弟回去。

师：这样吧，我当哥哥，你们就是张志和。咱们来一次作诗、和诗吧。

师：乐是风波钓是闲，草堂松径已胜攀。太湖水，洞庭山，狂风浪起且须还。

生：西塞山前白鹭飞，桃花流水鳜鱼肥。青箬笠，绿蓑衣，斜风细雨不须归。

师：狂风浪起且须还。

生：斜风细雨不须归。

师：且须还哪！

生：不须归呀！

师：弟弟呀，为何不归？

生1：哥哥，因为这里景色太美了。

生2：哥哥，我不想去做官了，这里生活这么舒服，不用跟官场上的那些人争斗了。

生3：哥哥呀，看到官场上的那些人明争暗斗，心里就感到悲哀，我实在不想跟他们一起。在这里，我天天钓鱼赏美景，多舒服哇！

师：你们真是张志和的知音哪，原来他是乐而不归呀！走近张志和，我们就知道无拘无束、心志平和的田园生活才是他的追求。正是有了这样清闲飘逸的心，才会写出这样的千古绝唱。让我们把这首词再诵读一遍，读出词人的心声。（配乐）

课后自评：

根据诗词简单的文字，学生也许可以理解诗词的大致意思，但是诗中所蕴含的深厚情感，学生却不一定能体会到。如何才能透过二十几个字，触及诗人的内心，让我们与几百甚至几千年前的迁客骚人产生共鸣呢？教师就做了很好的示范，让学生去查阅资料，了解信息，讲述背景故事，就能在文本与学生之间铺路架桥，理解诗人，理解感情，理解历史，去触摸诗词的灵魂。

参考文献

薛法根.文本分类教学·文学作品［M］.福州：福建教育出版社，2016.

（新北区西夏墅中心小学　邹丽琴）

第六节　口语交际教学中演说能力
培养的探索

一、观点概述

《课标》中提出，口语交际教学目标的要求是"具有日常口语交际的基本能力，学会倾听、表达和交流，初步学会运用口头语言文明地进行人际沟通和社会交往"。口语交际的训练不仅指向学生口头表达和倾听能力，更侧重应对能力的有效训练。而统编版教材口语交际的话题为小学生演说能力培养搭建了广阔的舞台，丰富了学生的口语交际实践经验。

1. 建构丰富多变的交际主体

口语交际中的演说者恰如舞台上的舞者，口语交际为学生建构了类型多样的交际主体。

从交际主体的角色来看，学生在不同的交际话题中经历话题组长、主持人、讲解员、关心环境的公民、朋友、晚辈等多种社会角色，不仅丰富自我认知，更帮助他们依据不同身份采取不同的交际策略。

从教学实际情况来看，根据交际主体参与的形式，可以将口语交际活动分为四种类型：独白型、对话型、表演型和辩白型。其中对话型最多，占参与主体的24个，展现了口语交际教学不同于其他文本教学的互动交际特点。主要以多个说话者对话为主，如商量、请教、劝告、安慰等一对一的日常沟通方式，也有小组交流讨论等更复杂的群体沟通方式。独白型次之，占参与主体的16个，以单一说话者表达、多个听话者倾听为主要活动形式，介绍人、事、物和陈述经历见闻与看法为主要内容。值得注意的是，虽然辩白型只有六年级下册的"辩论"，但要求较前两种类型高。从统编版语文教材三年级上册"该不该实行班干部轮流制"开始，各个口语交际开始就学生倾听习惯规范要求：要求学生除了表达自己的观点外，也要倾听他人不同的观点并学会尊重，为学习辩论夯实基础。

2. 创设紧扣生活的问题情境

舞台需要背景，演说也是如此，口语交际中创设的问题情境为演说提供了"幕布"。

《课标》中表明口语交际教材应该选择贴近生活的话题。以对话型话题为主，为学生模拟了诸多生活实际中亟须交际策略的问题情境。从低学段的《打电话》《请你帮个忙》《商量》《注意说话的语气》，到中学段的《请教》《劝告》《安慰》，再到高学段的《意见不同怎么办》，这些话题一方面"让语文学习的外延真正与生活的外延接轨"，有效地弥补了课文阅读教学语文味浓、生活味淡的不足。另一方面这些情境都以问题的形式展开，学生扮角色入境，带着问题意识更能自主探究、积极体验，在模拟实践中探究解决问题的交际策略，收获交际之趣。

3. 搭造勾连读写的表达桥梁

演说能力从来不是一项能割裂的关键能力，必须建立与其他关键能力训练的融通点，才能让演说焕发出更大的活力。

口语交际教学的重难点历来都是口头表达能力的锻炼，不知道说什么，不知道怎么说，是口头表达的两个难点。从统编版语文教材口语交际设置的位置来看，口语交际放在课文之后、写作之前，也强调了阅读是口头表达的基础和前提，而口语交际是写作的试验和先导。以统编版语文教材五年级上册第三单元为例，本单元的课文《猎人海力布》《牛郎织女》都是民间故事，对应指向阅读的语文要素是"了解课文内容，创造性地复述故事"。而习作的教学要求是"提取主要信息，缩写故事"。在"读"与"写"之间，本单元的口语交际"讲民间故事"一脉相承，要求把故事讲生动、讲得吸引人。可见口语交际为"读""写"搭建桥梁，在各项关键能力协调发展下，学生才能学会知道说什么、知道怎么说。

二、探索思考

（一）情境贯穿课堂，维持表达兴趣

众所周知，口语交际教学创设情境很重要，有利于激发学生的表达兴趣，只有学生都开口，口语交际教学才能推进。但是一堂课40分钟，如何维持学生表达兴趣的长效性是一个难点。通过同一话题下不同问题情境的连贯递进，既能保持学生在解决不同问题中的思考意识，又能保持学生在整个教学中角色模拟的新鲜体验，以此保证学生课堂中的参与率和参与时长。以统编版语文教材二年级口语交际"商量"为例，在方法指导的教学环节中设置了丰富的问题情境，不同问题情境指向了不同的商量策略。以下是其中的四个教学环节。

（1）出示情境一，同桌合作，分角色练习，学会有礼貌地表达。班级里很多同学都买了滑板车，可是宁宁没有，他也很想买，可妈妈就是不答应。这几天他做梦都梦见滑板车。今天，他鼓起勇气，他该怎样和妈妈商量呢？

（2）情境一升级，同桌合作，分角色练习，学会有理由地表达。虽然宁宁很有礼貌，但是妈妈拒绝了，该怎么进一步商量才能让妈妈欣然同意？

（3）出示情境二，意见不一致，努力达成共识：快要六一儿童节了，该怎样庆祝这个盛大的节日，大家一时间炸开了锅，每个人都有自己的想法。该怎么进行商量，最终共同商量出一个节目，你有什么想法？你会说什么？

（4）自选情境，巩固练习。

情境一：楼下的邻居小朋友和我一样大，听妈妈说他马上要参加全国级的歌唱比赛。可是他总是在晚上大声唱歌，影响了我做作业，我想找他商量一下，我鼓起勇气敲响了他家的门。我该与他怎么商量？

情境二：今天我当值日生，但是我今天要在放学前请假去医院看牙，不能按时值日，想要和小组中的同学商量一下谁能代替我完成值日生的工作，但是他们三个人中一个人要去练体操，一个人放学后本身也要值日，还有一个人今天身体不舒服。我不知道他们谁愿意代替我，我该怎么商量？

情境三：学校开设了很多兴趣小组供大家选择，有思维训练、舞蹈、陶艺、书法、象棋、武术……可是兴趣小组太多了，我实在不知道选哪一个。我们小组里的其他同学都选好了，我不如和他们商量商量。

前三个情境在于传授商量问题中的交际策略，难度逐层递进。然后自选情

境用于自主练习，活学活用，整堂课的教学一直处在情境之中。综上，情境难度的递进性、话题的问题性、角色的丰富性三者相互促进才能有效维持表达兴趣。

（二）倾听兼顾评价，点燃互动热情

口语交际要求互动，但是在教学实际中往往存在讲话者一头热的单边性"伪互动"问题。从听话者角度入手，培养学生学会认真倾听、有效评价，能够有效地激活课堂互动。

1. 量化小组合作标准，培养倾听能力

以统编版语文教材六年级下册口语交际"辩论"为例，笔者指导学生围绕"合作和竞争哪个对成功更重要"为话题，以8人小组为单位在组内分配好正反辩方，先撰写辩论稿，在组长的组织下辩论，结束后推选出胜方中一名最佳辩手参与班级"群雄争辩赛"。但是在学生具体实践中发现，小组合作的互动处于混乱状态，暴露出诸多问题：学生在倾听中无法抓住反方看法的重点；己方队员的观点重复陈述，有队员不按顺序插话抢答，对反方不同的意见蛮横回击；等等。

针对小组互动中学生倾听习惯和能力的短板，笔者设计了更加具体明确的小组合作要求和评价标准。要求如下。

（1）己方陈述观点时，注意听有没有和自己观点重复的地方，为避免发言重复，将重复的内容用笔标记，肯定相同的意见即可，重点对相似的观点进行补充。重复观点的一方判罚1分，有效补充己方观点追加2分。

（2）对方陈述观点时，倾听有无漏洞与矛盾之处，及时记录关键词，为反驳做好准备。礼貌回应对方追加1分，有效反驳对方追加2分，蛮横回应的一方判罚2分。

（3）共同遵守辩场秩序，插话抢答的一方判罚2分。

相比个体行为的费时费力低效的指导纠正，以小组为单位能更加方便有效地进行倾听习惯和能力培养，在组内互相监督和量化评价双管齐下的制约下，在新一轮的组内辩论中，学生能够规范有效地互动。

2. 提供评价表达平台，促进有效评价

在倾听能力的基础上，评价能力也很重要。评价也是一种表达能力，有效评价的方式有很多，如肯定对方观点、进行补充发言、勇于表达不同意见、对疑惑之处及时追问。只有融洽平和的评价态度和针对性的评价方式，才能让双向互动在口语交际课堂上成为可能。

（三）正面示范引领，填补应对盲区

在口语交际中，应对能力是经常被忽视的短板，相比表达和倾听，学生的应对策略常常处于认知空白区域，往往依靠本能和旧有经验回应，或者有些干脆不回应避免出错。然而，互动中的积极应对才能让沟通走向成熟，让交流更加深入。而应对能力可以细分为回应、反驳、根据他人反应调整内容等诸多演说训练要素。

以统编版语文教材三年级上册"名字里的故事"为例，张丽娟老师在教学中为了落实"学会积极回应"教学目标，采取了有效指导。

师：大家猜一猜，我为什么叫"张丽娟"这个名字？

生1："张"是你跟你爸爸姓的。（在场学生小声笑）

生2：我觉得老师出生时很美丽。（在场学生小声笑）

师：谁再来猜？

生3："娟"应该和杜鹃鸟有关，那是一种很美丽的鸟。

师：刚刚三位同学猜了我的名字，那么我的名字到底有什么含义，让我来告诉你们。你们在听的时候应该怎么听？

生：应该眼睛看着老师认真听。

师：我叫张丽娟，"张"随爸爸的姓，"丽"是美丽的意思，"娟"是女字旁，是形容女孩子娟秀漂亮，可不是杜鹃的"鹃"（此时微笑着看向生3示意她，以"没关系"作为回应）。小朋友们你们猜对了吗？我介绍完了，谢谢大家。（学生齐声鼓掌）

师：谢谢同学们给我的掌声。你们的掌声就是对我的表扬。这就是一种回应。老师注意到刚才很多小朋友在听的时候还不住地点头，是不是你猜的和我说的一样？（有部分学生点头回应）

师：这是对我的认可，也是对你自己的认可。这也是一种回应。同学们，你们的掌声、表扬、点头就是一种回应，而这种回应就叫作"礼貌回应"。

对大多数学生来说，害怕不应该是典型常态。因此教师以自己作为范本，在师生一来一往的回应互动中，教师做主导，其肢体动作、语言、表情、眼神都给予了学生良好的回应示范样本。在这个课例中，教师对猜错名字的学生给

予微笑和眼神的回应，营造出一种宽松积极的情感态度，给学生提供了良好的范本，也给学生后续表达提供了强有力的鼓舞。可见，口语交际除了回应策略的积极指导，教师创造"情感上的豁达和理智上的宽容"为学生回应提供自信，也值得重视。

三、课例回放

教学片段一："商量"（统编版语文教材二年级上册）

方法指导：

1. 有求于人时，既有礼又讲理

（1）出示情境：班级里很多同学都买了滑板车，可是宁宁没有，他也很想买，可妈妈就是不答应。这几天他做梦都梦见滑板车。今天，他鼓起勇气，他该怎样和妈妈商量呢？

（2）和同学商量一下，能不能同桌合作，分角色练习？

（3）选择一组学生进行展示表演，其他学生进行评价。

①学会有礼貌。

教师相机介入追问：如果想让妈妈接受的话，说话的时候应该注意些什么？（注意语气和礼貌用语）

学生总结，齐读口诀："请""谢"二字不离嘴，表态加上"我觉得"。问句征询常挂口，礼貌当先会商量。

②学会有理由。

如果妈妈拒绝了宁宁商量的请求该怎么办？师生合作表演，宁宁该怎样商量，理由更加充分一些？

学生总结：当我们有求于人的时候，应该主动找人商量，如果你能有礼貌、有理由，那么你的商量会起到事半功倍的效果。

（4）出示情境，巩固练习：今天有写字课，但是我的钢笔忘带了，怎么办？想找同桌借用，可又怕同桌不答应，我该怎么与同桌商量呢？

2. 意见不一致，努力达成共识

（1）出示情境：快要六一儿童节了，该怎样庆祝这个盛大的节日，大家一时间炸开了锅，每个人都有自己的想法。该怎么进行商量，最终共同商量出一个节目，你有什么想法？你会说什么？

（2）四人小组合作，分角色练习。

（3）选择一组学生进行表演，其他学生进行评价

（4）教师总结：这组同学整合特长，形成集体节目。看来商量不光要有礼貌、有理由，还应该有一个统一的结果。

（5）出示情境，巩固练习：最近经常下雨，所以大课间的时候大家没办法去操场做操。老师要求每个小组进行商量，商量出一个雨天大课间的休闲活动项目。大家议论纷纷，各自都有想法。该怎么商量出一个统一的结果呢？

自我点评：

基于儿童立场，首先贴近儿童生活，创设了还原生活的真实情境，点燃了学生口语实践的热情，丰富了学生口头言语实践的经验。其次尊重儿童发展规律，从学会讲礼貌、学会讲理由到意见分歧时努力达成一致意见，情境之间存在明显的演说能力培养递进的逻辑思路，有助于学生逐步内化自己的实践。

教学片段二："辩论"（统编版语文教材六年级下册）

师：有人说，现在都普及电脑，何必还要花这么多工夫练字？你同意这样的看法吗？为什么？以小组为单位，先选择正方或反方，然后寻找理由，有理有据地表达，注意表达的流畅与准确。再推选代表进行辩论。（正反方各出一名代表辩论）

正方：我方认为很有必要练字。虽然现在电脑很普及，但是无论什么时候，练字都是一件很好的修身养性的事。

反方：我方认为没有必要练字，现在很多时候打字就可以，你看很多文件都是打印稿，不需要手写。修身养性的方式很多，不一定非要练字呀！

师：表扬反方，能针对正方的理由予以回击，这才叫会辩论。

正方：文件很多都是打印稿没错，但最后是不是要本人签字？你至少要把自己的名字练好，字如其人，你的字写得好与坏直接影响你给他人留下的第一印象，所以写一手好字是很有必要的。

反方：练字要花很多时间和精力，现在社会发展那么快，哪有那么多时间浪费在练字上，不如做点其他有意义的事情。

正方：我认为练字就是很有意义的事，它可以让人静下心来，陶冶情操，能锻炼人的耐心和意志力。而且汉字是我们中华民族的瑰宝，本身就是一种艺术，所以作为一个中国人，练好中国字是很有必要的。

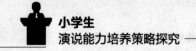
师：正方代表围绕观点一下子说了两个理由，更有说服力了。

自我点评：

辩论不仅是言辩，更是思辩。教学中不仅重在引导学生围绕一个话题从多个角度思考观点、收集论据，让表达更有说服力，让辩论更具思维品质，而且侧重鼓励学生在倾听中抓住对方思维漏洞予以反驳，实现针对性回应。

参考文献

［1］中华人民共和国教育部. 义务教育语文课程标准（2011年版）［S］. 北京：北京师范大学出版社，2012.

［2］李亮，吴福雷，徐承芸. 小学语文教学关键问题指导［M］. 北京：高等教育出版社，2016.

［3］沈玲蓉. 守正创新：统编小学语文口语交际教材编排特点及教学实施［J］. 宁波大学学报（教育科学版），2019，41（6）：65-75.

［4］朱洁如. 小学语文：课型范式与实施策略［M］. 南京：江苏教育出版社，2012.

（新北区西夏墅中心小学　胡洁琼）